フランシスコ=ザビエル
(神戸市立博物館蔵)

ザビエル

●人と思想

尾原　悟 著

156

CenturyBooks　清水書院

はじめに

日本で古くから用いられている言葉に「邂逅（かいこう）」という言葉がある。くしき出会いの意味である。この言葉はフランシスコ＝ザビエルの姿を彷彿とさせずにはおかない。

地理的にも、民族的にも隔絶した地域のなかで、歴史の流れを営みつづけた日本人は、その隔絶が大きいからこそ、むしろ常に鋭敏な感受性とかぎりない憧憬をもって、外来文化との出会いを持ちつづけてきた。日本の思想・文化とは、狭い日本のなかで営まれ、産み出されていっただけのものではなく、常に外への意識――それが受容であれ、反発であれ――を持ちながら、邂逅と展開によって織りなされていったといえよう。

近世とは、洋の東西を問わず、自国とその隣国という意識から遠く隔たった国家や民族や文化が存在することへの発見と、それによって再び自国を認識しはじめる自覚の時期といえよう。そこには隣とか、より遠い隔たりとかの問題ではなく、人類・人間という普遍性を基盤とする世界的視野への開眼がある。

応仁の乱以来約一世紀にわたる戦国の争乱と、それを収束した織豊政権が統一政策を推進したこの時代は、政治・経済の面でも、また、文化の面でも近世への出発点であり、日本の歴史にエポックを画した時期であった。これまでの本朝（日本）、唐・震旦（しんたん）（中国）、天竺（インド）からなる伝統的な「三国」的世界像は、根本からくつがえされ、新たな第四の世界、南蛮を知ることになった。

当時のヨーロッパは黄金や香料を求めて海外に雄飛し、新しい世界を発見・征服する歴史の大きな躍動のなかにあった。大航海時代は、マルコ＝ポーロの「黄金のジパング」の夢を、学問と技術の発達から、地球は球体であり、海の向こうの地にも新しい人間が存在するという新たな認識を生んだ。この視野の拡大に培われた冒険は、ポルトガルの航海王子ドン＝エンリケの抱負を担って、嵐の岬を「喜望岬」に変え、インド洋から東方への道を開いた。また、イベリア半島からのイスラム勢力の排除と時を同じくしたコロンブスの新大陸への到達は、スペインの西方への航路となった。「香料と霊魂を求めて」をモットーに進出したヨーロッパは、まだ原始的生活を送る原住民に優れたものを与え、教え、ヨーロッパのレベルに近づけることが進歩・向上と考えた。この同質の拡大の意識から征服、支配へと進み、利権や権勢欲にゆがめられた植民地化の道をたどることになる。

日本とヨーロッパの出会いは、この大航海時代、すなわち、植民化とはいささか様相を異にするものであった。日本はヨーロッパから二年以上もの永く危険な航海を要する極東であり、船出した船の半ば近くは暴風や海賊によって失われる最果ての地であった。日本を軍事的に支配し、政治的に領有する力がポルトガルになかったと同時に、日本は豊かな未開の原料産出国としての魅力に欠けていた。ヨーロッパが幕末まで日本で得た利益は、植民地支配によって直接ヨーロッパを富ませる性質のものではなく、あくまで仲介貿易的な利潤であった。植民地的支配が不可能、あるいは、非常に困難な場でヨーロッパはむしろ「香料と霊魂」の霊魂、その文化の原点であるキリスト教として新しい世界日本にはじめて出会った。そこにフランシスコ゠ザビエルがいた。

フランシスコを最果ての日本にまで赴かせたものは、「いかに人遍界（全世界）をたな心に握るといふとも、其身のアニマをうしなわば何の益ぞ」（マルコ一六・二六）、「汝達世界を巡り、諸の御作のものにエワンゼリヨを広めらるべし」（マルコ一六・一五）というキリストの最後のメッセージであった。

人類の歴史のなかにはじめて選ばれた民はユダヤ民族であった。しかし、選ばれたというすばらしい恩恵をより深めて他の人々とも分かち合うべきであるのに、自らの優位が他を見くだすという思い上がりに陥ったのも人間の悲しい弱さであった。それを越えたのがユダヤに生まれたキリストの、「往きてすべての民に」という派遣の言葉である。すべてにということは、ある特別のものだけにという独善性や排他性ではなく、愛の寛(ひろ)さと豊かさを意味している。愛である神が愛のために人となり、友のために生命を与えるより大きな愛はないと、十字架の死にいたるまで与えつくされたのがキリストである。そしてその生き方に習う人々がキリストに似る者Christian、キリスト者なのである。

キリスト教はユダヤの強い宗教性を旧約聖書として尊重しながら、ユダヤだけに留まらぬ新約の「すべての民に」をキリストのヴィジョンとして歴史のなかに実を結んでいく。ギリシャのすぐれた学問や芸術と出会った。さらに厳しい迫害にもかかわらず、かえってローマの政治・軍事的結合力を文化と精神の普遍性Catholicitasとして組み込み、古典古代のキリスト教文化を開花させ、ローマは永遠の都となった。さらにゲルマンの活力ある諸民族のなかにキリスト教ヨーロッパが形成され、多様性を生かしつつ、キリスト教を原点とする西欧性へと展開していったのである。

「すべての民に」とは、上からの画一的な支配ではない。異質なものを自らに反するものとして排斥するのではなく、自分の持っていないものを持つものとして認め、それを生かし、しかも自らをも棄てることなく、それぞれが独自性を伸ばしながら、具体性を越えた最も深い出会いによって結ばれることを意味する。

その結びは最も人間的であると同時に、人間の限界を超える深く豊かな人格、すなわち、キリストそのものの生命であるといえよう。

フランシスコは、「すべてにおいてすべてになりたもうた」（一コリント一五・二八）キリストの愛を歴史の現実のなかで「証す」ことになる。それは「すべて」という日本をはじめ多くの異質なものとの出会いのなかに開花した。一方的な支配や画一化ではなく、それぞれの人格、民族、文化、伝統を個性的に無限の可能性として生かしながら、最も深い出会い、キリストによって結ばれることにフランシスコは生涯を賭けた。

わずか二年余の日本滞在に、目に見える成果は少なく、その努力は挫折したかにみえたが、希望を失うことなく、フランシスコはさらに中国を通して再び日本への大きな目標を掲げた。しかし、中国大陸を目前に、上川島で友に看取（みと）られることもなく迎えた淋しい死であった。四六歳。その死ですべてが終わったのか。渡来四五〇年、そして二一世紀を迎える今、フランシスコの生涯とその志を継いだ人々が生きた道を、異文化との出会いを模索する現代人としてもう一度たどってみたい。

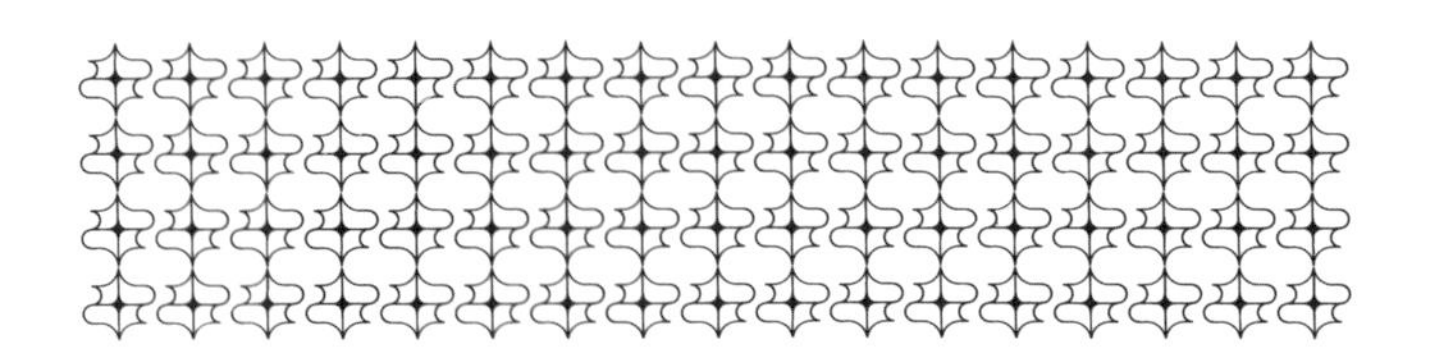

目次

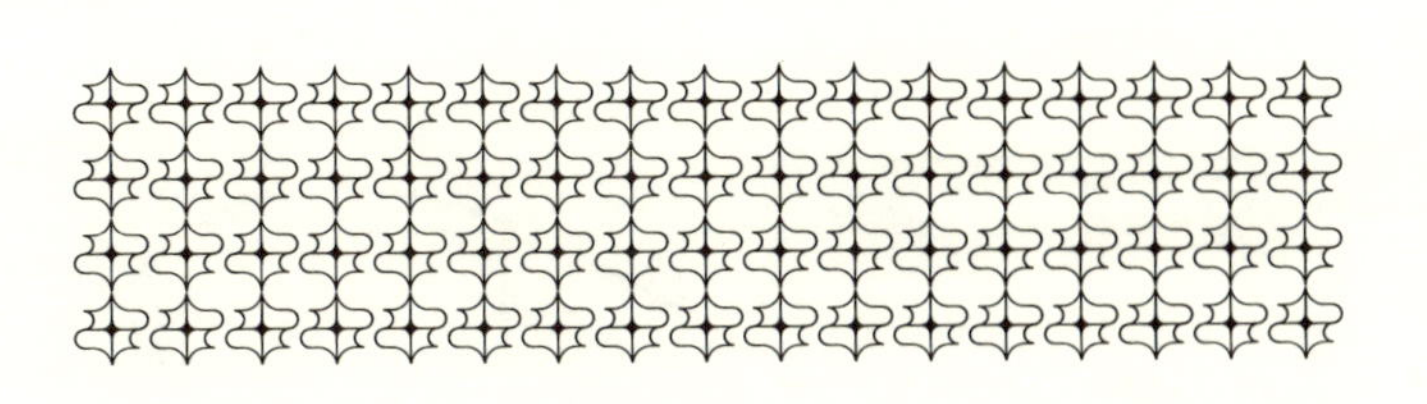

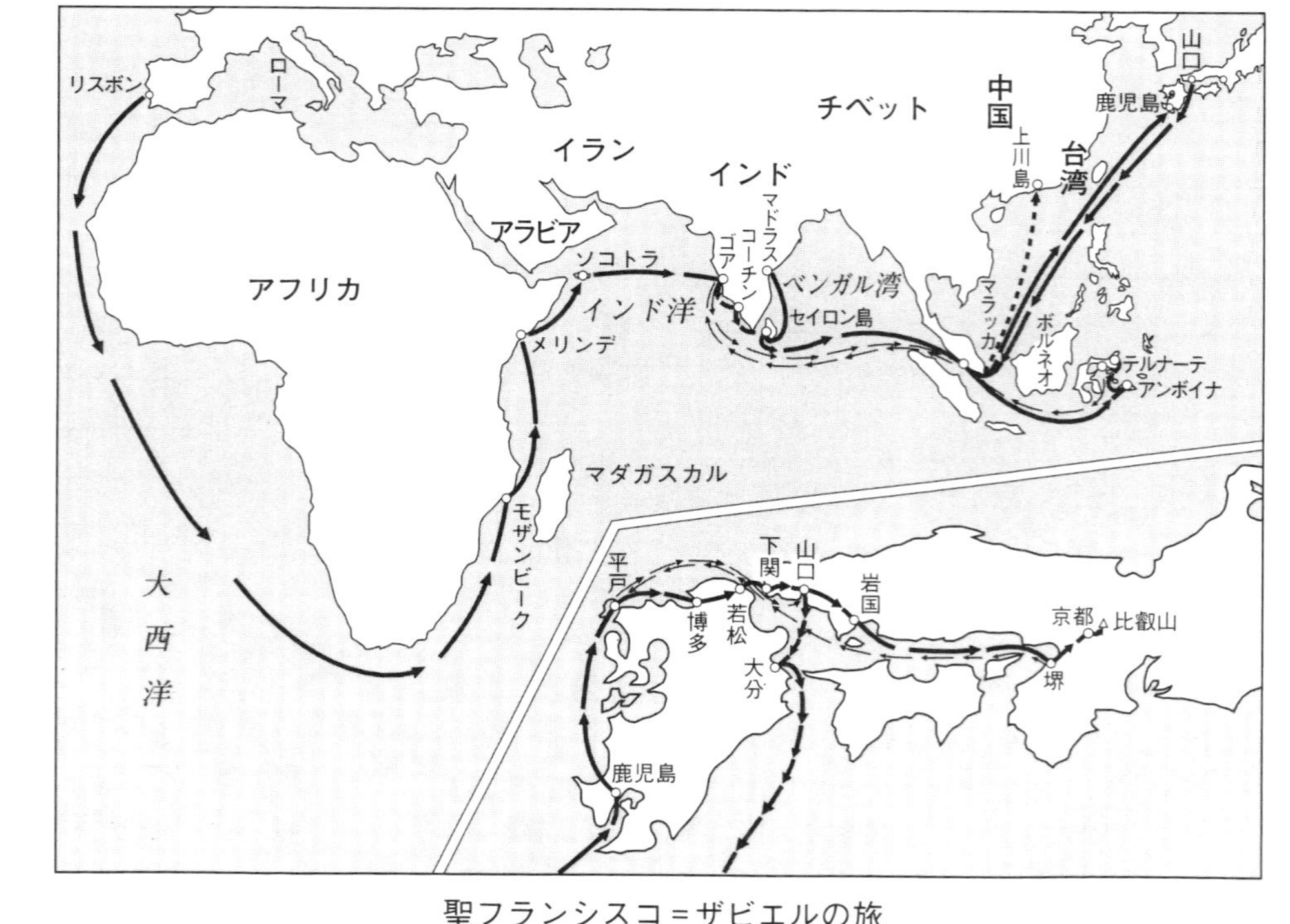

聖フランシスコ＝ザビエルの旅

I　フランシスコ＝ザビエルの生涯

一　旅立ちの日

「私を遣わしてください」

その日は一五四〇年三月一五日だった。かねてからポルトガル国王ジョアン三世は、自らの保護下にある東インドへのイエズス会士の派遣を、ローマ教皇パウロ三世に繰り返し懇請していた。

後に総会長に選ばれるイグナチオ＝デ＝ロヨラは教皇の意向にしたがい、ローマにいたわずか六人のイエズス会士のなかから、唯一のポルトガル人シモン＝ロドリゲスと、スペイン人ニコラス＝ボバディィリャを遣わすことにした。

ロドリゲスは体の具合いが悪く、歩いてリスボンに赴くことができないので、先に船便で出発していた。ボバティィリャがどうしても出発しなければならない日は三月一五日だった。そのボバディリャがカラブリアの宣教からローマに帰り着いたのは出発の前日であり、しかも熱病のため、東アジアばかりかリスボンへの旅さえ不可能な状態だった。自らも病床にあったイグナチオは、初めから常に行動をともにし、〈霊操〉によって祈りをともにし、モンマルトルの誓いをともにした最も信頼するフランシスコ＝ザビエルを呼んで、これらの事情を説明した。フランシスコはただ一言で答えたという。すなわち、Pues, sus! heme aqui（私はここにおります）。それは、イザヤの預言を彷彿とさせる情景である。

「私は、こういわれる主のみ声をきいた、『だれを遣わすべきか、だれが私たちに代わって行くだろうか』。私は答えた、『私はここにおります、私を遣わしてください』」（イザヤ六・八—九）。

フランシスコは出発までの数時間に三通の覚書をしたためた。

その一つは、やがて教皇から認可を受け、定められるであろうイエズス会の会憲への従順。二つめは、まもなく選出されるであろう総会長への服従。そして三通めに、総会長にはイグナチオを推し、もしイグナチオが死去したならばペトロ＝ファーヴルをと書き置いて、粗末な修道服を身につけ、日々の祈りの書である「聖務日課」だけを手にして、ふたたび故郷へ帰ることのない、アジアへと旅立ったのである。

二　大航海時代の幕開け

イベリア両国の新世界への進出

当時のヨーロッパは海外に雄飛し、新大陸を発見・征服するという歴史の大きな躍動のなかにあった。大航海時代は、かつてマルコ＝ポーロが記した〝黄金のZipangu ジパング〟にかきたてられた夢の世界から一歩踏み出して、航海王子と呼ばれたドン＝エンリケの抱負を担ったポルトガル船の船出によって幕を開けることになった。

当時、イベリア半島では古典古代のころから伝えられたキリスト教が、八世紀にはイスラム世界に支配されてしまっていた。これに対するキリスト教信仰・十字軍的意識によるレコンキスタ（Re-conquista, 国土回復）運動は、同時に海外進出となって現れる。これを生み出したのは視野の拡大、すなわち、地は球体であり、海の向こうにも人間が存在するという新たな認識であった。学問と技術の発展のうえに培われた冒険は、嵐の岬を〝喜望岬〟に変え、ヴァスコ＝ダ＝ガマがインド洋から東方への道を開き、一四九二年のグラナダ陥落によるイスラム勢力の排除と、同じ年のコロンブスの新大陸への到達は、スペインの西方への道となった。イベリア両国、すなわちポルトガルとスペインの新世界への進出は、貿易利潤の獲得だけではなく、キリスト教世界の拡大という使命感に支えられ、〝香料と霊魂を求めて〟がこの時代の理想として掲げられた。

境界の明確化

この大航海時代の担い手であるポルトガルとスペインは、同時に海外進出のライバルとして相争うことにもなりかねなかった。そこでローマ教皇は、キリスト教的布教保護権（Patronado）によって調停を試みた。布教保護権とは、発見し進出していく新しい世界、宣教地のキリスト教の保護を教会が国王に委ねることである。国王は、進出した地に教区を設置し、司牧する司教を推薦する権利をもつが、むしろ司教区に働く聖職者を保護し、経済的に支援し、キリスト教宣教に尽力するという義務のほうが主であった。

しかし、やがて国土の領有や経済的利権の独占が先行するという弊害が生じた。そこで東西両方向に進出を始めたイベリア両国間に境界を明確にしようとする折衝が繰り返され、一四五三年に発布された教皇アレキサンデル六世の勅書によって、一四九四年にポルトガルとスペインの間でトルデシリャス条約が締結された。これをデマルカシオン（Demarcación, 領域区分協定）という。

これによってカボ－ダ－ヴェルデ諸島の西三七〇レグアを境界線とし、東をポルトガル、西をスペインの保護のもとにおくと定められた。しかし、東半球の境界については記述がない。まだ地図さえ製作し得ない当時においては、日本を巻き込んでの両国の軋轢（あつれき）が生ずることは想定もしなかった。後年東半球では、境界は地理学的な議論よりも、両国の海外進出の実績と力関係によって移動することになるのである。

コロンブスとマゼラン

一四九二年、イサベルとフェルディナンドの両スペイン国王の援助をとりつけたコロンブスは二カ月半で大西洋を渡り、アメリカ新大陸で原住民を征服し、スペイン国王は総督を派遣して植民地化が進んだ。また、ノバイスパニア（メキシコ）での銀鉱山の発見は、ヨーロッパ経済に大きな変革をもたらした。

一五二一年、ポルトガル人マゼランによる西廻りの航海は、スペイン王の支援によって大平洋を渡ってアジアに向かい、さらにインド洋を経てついにスペインに帰り着くことができた。これは西に向かって航海すれば必ずもとの港に到達するということ、地が球体であることを人類によって初めて実証したものであった。しかし、あまりにも急速で強引な植民化に対して、進出を始めて四五年を経た一五三七年に教皇パウロ三世は、「先住民も人間である」との教書を発布して警告をしなければならないほどであった。

東へ向かったポルトガルは大航海時代の幕開けを担ったが小国であり、一四九五年には人口一五〇万人だったのが、急激な人口流出のため一五二七年には一二二万人までに減少した。しかも渡航者の大半が若者だったために国内の衰退を招くほどだった。

軍隊を大量に派遣したり、進出した地域全体を植民地とするのではなく、ゴアやマラッカなど拠点となる港を城塞とし、これを優れた海運力で結ぶ商業を中心として急速にアジアへの進出を企てた。リスボンに運ばれた胡椒は一〇〇倍もの値がついてヨーロッパ各地に買い取られ、ポルトガル王室に膨大な利益をもたらすことになった。

このような時代背景のなかでフランシスコ゠ザビエルは生をうけた。

三　フランシスコの誕生とその時代

ナバーラ王国

イベリア半島はスペインの北部、ピレネー山脈最西端の麓にバスク人の国が広がっている。東端がアニ峠、西端がネルビオン河流域（ビルバオ市）、北端がアドゥール河下流、そして南端がカンタブリア山脈の東の起点に相当する。古来から周囲の異文化の影響を受けながらも、独自の言語ときわめて個性的な風習を守り続け、自由と独立の精神が強く勤勉で勇敢なこの民族は、一六世紀の初めに、パンプローナを首都にもつ独立したナバーラ王国を形成していた。

フランシスコは、一五〇六年四月七日に誇り高いバスク人としてハビエル城で生をうけた。父ドン＝フアン＝デ＝ハソスは、イタリアのボローニャ大学で法律の学位を得、ナバーラ王に仕え、行政会議の議長を務めた。母ドニャ＝マリア＝デ＝アスピルクエタはナバーラの有名な家系の生まれで、ハビエル城は結婚のとき、アスピルクエタ城とともに持参したものであった（城は一四世紀の初めからアスピルクエタ家の所有となっていた）。二人の兄、二人の姉の末子として、フランシスコはハビエル城で恵まれた幼年時代を送った。

しかし、ナバーラはスペインにとってもフランスにとってもお互いに相手の国に通ずる要地であったため、両国は自分の国の領土にしようとして絶えず争っていた。スペインとフランスの紛争の間に立ったナバーラは、スペイン軍の領内通過を拒んだために攻撃を受けた。国王は国外に脱出、国はカスティリャ王国に合併され、七〇〇年にわたる独立国としての伝統が失われた。フランシスコの父は失意のうちに没した。一五一五年一〇月一六日、フランシスコ九歳の秋である。

フランシスコ＝ザビエルの生家、ハビエル城

これによってナバーラの人々の独立運動は弾圧されてハビエル城は荒廃したが、カスティリャに衝突が起こってスペイン軍が引き上げる際、フランシスコの二人の兄、ミゲルとフアンは独立の旗を掲げて国土回復に奔走した。最も激しい戦いが一五二一年五月のパンプローナ城の攻防であった。このとき、スペイン側最後の砦で守備の指揮をとり、勇敢に戦い傷つき敗れたのが、イグナチオ＝デ＝ロヨラであった。この敗戦の傷が、送り返されたロヨラ城でのイグナチオのあの回心の端緒となるのである。やがて、イグナチオは攻撃してきたミゲルとフアンの弟フランシスコ＝ザビエルと、敵味方としてではなく、新しいキリストにおける同志としてパリで出会うことになる。

　誇り高いナバーラの騎士である兄たちの勝利の喜びはわずかの間で、フランス軍の敗北と国外退去によって、ふたたびすべての資産を失い、抵抗運動に身を投ずるほかなかった。一五二四年、カルロス一世（ドイツ皇帝としてはカール五世）の名で恩赦を受けてハビエル城に帰るまで、兄二人はもちろん母と弟も貧しさと屈辱の不安のなかで数年を過ごした。

　一八歳になったフランシスコは少年時代の激しい動乱のうちに父を失い、常に戦いに明け暮れ帰ることのない兄たちの姿を見るにつけ、ナバーラの誇りを騎士としてよりも別の世界に向けはじめた。それはボローニャ大学の法学博士の称号を持っていた父のように、学問によって社会に認められることであった。そして名誉への飽くことをしらない憧れに支えられていた。

ルネッサンスと宗教改革運動

　一六世紀のヨーロッパは、アメリカ大陸発見や東アジアへの海路開拓によって新しい世界へ視野を拡大し、進出していった。一方、その内部ではルネッサンスと宗教改革運動が激しく渦を巻いていた。相次いで登場したこの二つの潮流は、確固たる世界を築いていた中世文化を変革するものではあったが、性格においてはかなり異なるものだった。

　ルネッサンスの文化活動は、古代ギリシャ－ローマで高く評価されていた人間性を再発見し、「文芸復興」を目指すものであったから、現世的、主観的傾向を持ち、人間存在において完成する美的価値を追求し、個人の尊厳を主張する傾向にあった。

宗教改革運動は、教会中心の中世世界に必然的に生じた因習やゆがみへの挑戦を意味するものであった。形骸化しがちな信仰態度を改めて、神と人との永遠の結びつきに生きることの意味を見いだすという、禁欲的な動機に基づくものであり、現世を超越した価値観に基づくものであった。人は個人としてキリストの言葉に触れ、神と出会うのであるから、「聖書のみ」が正しいと主張され、古代以来伝承されてきた聖人伝や、教父の解釈、教会の教導は、むしろ原典である聖書を読むのに差しさわりを生ずるとしてしりぞけられた。聖書は神の啓示によって表されたものであるから、キリストの教えはすべて記されており、敬虔な心で読む者には神の力が働くために、教会の権威がなくても決して誤ることはない、とされた。

さらに神の完全性の前においては、人の善行は何の意味も持ちえず、善悪の間にあえて善を選ぶ自由な意志決定は、人間の救いに必要な条件ではなくなる。神の側から与えられる「恩寵」が信仰の契機となるのであるから、人は聖パウロのローマ人への書簡にあるように、「信仰によってのみ義とされる」（ローマ一〇・六ほか）。すなわちルッターの義認説である。したがって、中世に高度な発展を遂げたスコラ哲学や、教皇の権威による統一的な揺るぎない秩序は、プロテスト（抗議・批判）の対象となった。

こうした改革運動は、ドイツの社会的・政治的背景も手伝って、一五一七年、ルッターのヴィテンベルクの九五箇条の命題として具体化されるに至った。

性格において大いに異なるこの二つの改革運動が、時期を移さず登場したという歴史的事象の底流をなすものは、ヒューマニズムの思想であった。ここでいうヒューマニズムとは、今日よく用いられている人道主義をいうのではなく、宇宙の構成を説明するに際して人間に優越性を与えるという、古代ギリシャ以来の伝統的な思想を指す。また、人間は神の似姿として創造されたとするキリスト教的人間観にも親近性を持つこの思想は、時代により強弱深浅はあったものの、西欧世界に厳然として存在しつづけた。宗教改革を待たずして、カトリック内部においても中世末期になると、人間性を尊重し個性を重視する方向づけが顕在化してくる。それは一四世紀末に登場してくる「新しい信心」といわれるもので、アッシジの聖フランシスコに端を発するとされている。

「新しい信心」

「新しい信心」とは、新しい教説ではなく、新しい信仰態度のことをいう。例えば、オランダのフローテを中心とする共同生活兄弟会は、多くの苦行、長い典礼などの複雑な様式から脱し、神学の議論のための論争を避け、「祈り、働く」素朴な生活を共同で営もうとするものであった。また、従来聖職者や修道者しか行わないと思われていた霊的生活を、一般信者に開放することも意味していた。この運動において、人々の心に強く訴えかけられたのは、福音書の物語るキリスト、すなわち、人間となられた神（フィリピ二・七）、人のためにすべてを与えられた神と、個人の内面において邂逅することであった。そのためにはキリストの全生涯、なかでも受難と十字架について黙想し、キリストに倣って生きることが重要であるとされた。

聖書を自ら読むことによって形成されたこの新しい信仰態度は、中世の形骸化しがちな信仰から、福音書に記された使徒伝承の信仰箇条に導かれることによって、神と結ばれた個人、という新しい自己認識をもたらしたのである。

イエズス会の活動は、反宗教改革（Gegen-reformation）と位置づけられることが多いが、今まで見てきたように、旧来の信仰態度を墨守することによって新しい信仰に対抗しようとするものではなく、むしろカトリック教会内部の精神的改革の胎動として捉えることができよう。会の創立者イグナチオが学んだモンテギュー学院には、エラスムスもカルヴァンも在籍していた。このことがなによりも雄弁にこの時代を物語っていよう。フランシスコが学んだのはまさにこういう時期であった。イグナチオとイエズス会の創立なしにフランシスコを語ることはできない。

四　イグナチオとの出会いとイエズス会の創立

パリの大学に進学

一九歳のフランシスコが目指したのは、父が学位を得たボローニャを越え、ヨーロッパの中心に位置する激動のパリの大学であった。そこはQuartier latin（ラテン区）といわれ、各国から集まった四〇〇〇人もの学生がそれぞれ独立した学院で学んでいた。フランシスコはポルトガル人ディオゴ＝デ＝ゴウヴェイアの指導する聖バルバラ学院に入学した。そこで一〇年の研鑽を積むことになる。

この学院の塔の三階で同室となったのが、同い年のペトロ＝ファーヴルであった。フランス－アルプス地方サヴォアの寒村の出身で、父の羊の群れを牧していたこの青年は、心やさしく、信仰深く、フランシスコの生涯の友となる。一年のラテン語、二年の哲学課程を学ぶ若い魂は少なからぬ誘惑に悩まなければならなかった。

また、ヒューマニズムの名のもとにエラスムスらはルッターのプロテスト運動への道を開き、カルヴァンもパリで活躍をはじめる風潮のなかで、フランシスコの思想的模索が続いていた。

一五二九年、フランシスコはその生涯を決定づけることになる人物と出会った。その人の名はイニゴ＝デ＝ロヨラ。先に述べたフランシスコの兄たちがパンプローナを攻撃したとき、城を守っていたバスクの騎士イグナチオである。イニゴはその戦いで足に重傷を負い、ロヨラ城に運び込まれた。戦場での不十分な処置のために骨が突き出ていた。麻酔を拒み、長時間の手術に耐えたが、よい結果は得られなかった。そこでその骨を鋸で切り、右足の萎縮を防ぐために添木に鉄の重りをつけ、数週間を激痛のうちに過ごさなければならなかった。傷は回復したが、歩行の不自由さから生涯解放されることはなかった。傷の痛みよりも、今までのような戦いに勝つことでの騎士の名誉と、宮廷での華やかな名声を博する生活に戻ることのできない挫折感、目標を失った心の傷のほうが大きかった。

将来への不安、過去への後悔、無聊と絶望に似た無力感のなかに祈り求めても何の答えもなく、結局は自分自身の弱さ、いたらなさと向かい合わなければならなかった。そのあせりが極に達したかにみえたとき、イニゴには、神と人々への奉仕のための道を歩むことこそ、真の人の生きる道ではないかという内的な光が射しはじめた。戦場においてそうであったように、イニゴは意志の人であった。何においても徹底し、中途半端にとどまることができなかった。家族や周囲の人々の反対を振り切って城を出てバルセロナ近郊の有名な巡礼地モンセラートへ赴き、三日間にわたり夜を徹して過去の生活を悔い、心を浄めた。マンレーサの洞窟に籠もり、まったくの孤独のなかで心は平安に満たされ、理性は輝き、神の生命に触れる充実を実感する。このときの体験によって生まれたものが、Exercitia Spiritualia〈霊操〉であった。

〈霊操〉

〈霊操〉とは、体を動かすことによって、筋肉を鍛えたり体の調子を整えたりする体操と同じように、「霊魂を準備し、調えるあらゆる方法」を備えていた。人間存在の基本的目的の考察から出発し、これを阻む罪や弱さを克服する自己浄化によって生活を刷新し、自由な決断によって「神の似姿」としての人間が最も自分を生かす方向を選定し、積極的な自立した人格として「より大いなる神の栄光」と人々への奉仕のために、聖化と愛の完成へ歩むことである。この道は、自己本位の打算や罰への恐れからではなく、キリストの「まねび」によってこそ得られるものであり、〈霊操〉はキリストの生き抜かれた愛と十字架に全人格的にあずかるものである。Exercitia とは、自己の陶冶と教育であり、活動のなかの祈り、祈りに支えられる活動に生きることであろう。浄化と聖化によって自らを深めた人格こそが、真に人々や社会に奉仕し得る。また、神と人々への愛に生きようとするとき、自分をも豊かに深めうるのである。

イニゴとの出会い

イニゴは心貧しい者としてエルサレムへの巡礼を志し、また〈霊操〉によってキリストに従うものとなるには学識が必要であると感じ、一五二四年からバ

パリにあった聖バルバラ学院／フランシスコとイグナチオはここで初めて出会った。

ルセロナ、さらにアルカラで若い生徒と机を並べて学び、一五二八年、三八歳の老学生としてパリの聖バルバラ学院に入学を許された。そこには一五歳年下のフランシスコやファーヴルと同室になるという「奇しき出会い」が待っていた。フランシスコはイグナチオに初めて会ったとき、できることなら彼からは遠ざかろうと思ったという。しかし、周囲の人々の心をそのひたむきさによって引きつけ、結びつきの輪を急速に広げているイグナチオのほうは、フランシスコに対しても出会いを求めて飽くことを知らなかった。フランシスコは、イグナチオの指導のもとにある友や同志たちをときどき皮肉っぽく嘲笑し、はねる魚のように反発していたが、それももはや目をはずすことのできないあがきでしかなかった。

若いフランシスコは遊びだけではなく、学業においても大学の他の仲間よりも抜きん出ていた。社会的に最高の地位を得るために、学問の世界においても頭角をあらわすことを強く望んでいた。一五二九年、母の死の便りが届いたが、ナバーラに帰ることもできず、ひとり悲しみに耐えながら哲学の研究に専念した。一五三〇年には、夢がかなってファーヴルとともに哲学の学位を取得した。次の学期から、マエストロ＝フランシスコ＝ザビエルはボーヴェ学院で教壇に立つことになる。フランシスコの名声に走る傾向は、翌一五三一年に、貴族の称号を証明する公正証書の作製の請求におよぶ。これに関連した手続きは大変な時間を要するものであった。一五三六年八月四日、ついに公文書で、「ドン＝フランシスコ＝デ＝ハソス＝イ＝ハビエル」は「貴族」であることが、わずらわしい調書と多数の証人によって証明された。しかし、その名誉をかち得たときには、もはやそれを必要とはしなかった。すでに、フランシスコは目に見える名声や栄華より深いものに引かれはじめていた。

一五三三年、敬愛してやまなかった姉マグダレナがガンディアのクララ修道院で修道女として信仰深い生涯を終えた。親しい人々の死、混乱するパリ、イギリスのヘンリー八世の問題などがフランシスコを考えさせ、イニゴの生き方が決してゆがんだものでないと思えるようになる。イニゴがフランシスコに繰り返し言い続けた「たとえ全世界を手に入れても、自分の魂を失ったならば、なんの益があろうか」（マタイ一六・二六）というキリストの御言葉（みことば）を、後にインドや日本からフランシスコ自身も心の底からの叫びのように繰り返している。これこそ、パリでイグナチオを通してフランシスコの心に灯されたキリストの愛の焔であった。

やがてイニゴの掲げる理想にフランシスコの心はとらえられ、彼の親しい友人となったばかりではなく、イニゴやそのグループと一緒に修道会を創立することになったのである。

修道会創立に向けて

「今までに食べたパスタのなかで最も固かったのは、初めに食べた若いころのフランシスコのものだった」というイニゴの言葉を、フランシスコの後にイグナチオの秘書となったアルフォンソ＝ポランコは伝える。聖なる鋳型を鋳造する技工であるイニゴによって、フランシスコという堅牢な金属は溶かされ、より優れたものへと磨きあげられることになった。また、イニゴは聖バルバラ学院の院長のディオゴ＝デ＝ゴウヴェイアの親しい友でもあった。やがてゴウヴェイアはポルトガル国王に仕えて、フランシスコやイエズス会の宣教師にアジアへの門を開き、イエスズ会を支援することになる。

イニゴは、パリで未来のイエズス会の基礎を築きつつあった。しかし、まだ何をすべきかはっきりした考えが固まったわけでも、修道会創立の構想がはっきりしたかたちで描かれたわけでもなかった。ただ彼が確固とした信念のうえに立ち、大きな使徒的事業において将来彼を助けるであろう、誠実でしかも揺るぎない信仰を持っている同志が彼の周囲に集まってきたのは、確かである。バルセロナやアルカラ、そしてパリでの最初の何年間かの間に彼のもとに集まってきた多くの人々が、すべてこの新しい修道会への創立に加わったわけではなかった。彼らは、彼らなりの動機や別の理由で修道生活に入ったり、司祭になったり、または社会人としてそれぞれ自分たちの道を進むために別れていった。

イニゴは、自伝でも述べているように、「まずは勉学を修めること」と、キリストの生き方に範をとる「何かと結ばれること」という目的でパリにきた。イニゴは信仰と忍耐をもって大学で学びながら、「より大いなる神の栄光」のために、活発な聡明さ、熱意、惜しみなく己を与える精神を持ち、そして彼とともに働く意志のある若者に出会うことができた。神はイニゴに六人の若い魂を与えられたのである。優れた石工であるイニゴは、大学という山で大理石の原石六個を見いだし、その大理石を「イエズスのコンパニア」と呼ばれることになる修道会の最初の柱石とすべく、のみで彫り、磨きあげたのである。彼らの名は、サヴォア人のペトロ＝ファーヴル、スペイン人のディエゴ＝ライネス、アルフォンソ＝サルメロン、ニコラス＝ボバディイリャ、ポルトガル人のシモン＝ロドリゲス、それにフランシスコである。イエズス会は、出発の初めから血統と国籍を問わない、肉のつながりを越えた魂の結びつきであり、まさに国際的な集いであった。

イエズス会の誕生

一五三四年八月一五日、モンマルトルの丘から六〇〇メートルほど離れたところにある、古いひっそりとした聖ベネディクト女子修道院の小聖堂に七人は集まり、ただひとりすでに司祭となっていた（神学の勉強を終え、その年の五月三〇日に司祭に叙階されていた）ファーヴルがミサ聖祭を捧げ、イニゴと他の人たちは最初の誓願を立てた。誓願文の原文は残っていないが、イニゴの死後、二代目の総会長となるライネスの伝えるものが一番古く、原文に近いものであろう。

「パリでの私たちの目的は、まだ修道会を創立しようというものではなく、ただ病院で働き、教えを説くことによって私たちの御主である神や隣人への愛に奉仕するため、清貧のうちに身を捧げることだけを考え、可能ならばエルサレムに行き、もし同地に留まる機会が与えられるなら、キリスト信者や一般の人々にも神が望まれるような奉仕をする許可を懇願するため、キリストの代理人である教皇のもとに行くことを誓う」

誓願式の光景（人数はまちがい）／1610年刊の『イグナチオ伝』より

そして、「一年以内にエルサレムに行く機会が得られなかったり、また、同地に留まることが不可能な場合、それから先何をすべきかは教皇のところに戻って服従を誓い、命ぜられるところへはどこへでも行くこと」も誓った。

これが「イエズスのコンパニア」、すなわちイエズス会の誕生だった。イニゴは四三歳、フランシスコは二八歳の夏である。フランシスコを除く六人はこのモンマルトルでの誓願の前に〈霊操〉を行った。フランシスコは講義のため、誓願のすぐ後、九月から三〇日間の〈霊操〉に入った。

〈霊操〉に入ったフランシスコ

この〈霊操〉に必要なことは、「静かさの深み」である。フランシスコは三〇日間、人々から離れてひとりで住んだ。それは孤独の寂しさとは異なる。新たな生命のために古い声は沈黙する。忙しい仕事に追われ、周囲のめまぐるしさに流される自分から離れるのである。自分の内心に渦巻く感情、喜怒哀楽や不安、意地、突っ張り、虚栄など、イグナチオが総括して「不秩序」と呼ぶものをありのままに見つめながら、その底に潜むより深い自分と出会うのである。フランシスコはイグナチオの指導のもとに、黙想の導入ともいうべき「原理と基礎」の段階で、人間が究極的に目指すもの、人と神との関係、そして自分を含むすべてのもののあるべき秩序について考察した。この段階で求められるのは、自分の人生観を理論的に体系化するというようなことではなく、むしろ、心の奥深いところに響いてくる何かを感じとる体験をいう。

〈霊操〉の四つの階段

この〈霊操〉は四週に分けられたが、これは日数の規定ではなくて四つの段階を意味している。

第一週には、目的への歩むべき道を妨げた自らの過去を見つめなければならなかった。特に、飽くことを知らなかった名誉への憧れが、どれほど誤りと偽りに塗り込められた空しいものであったか、人々を傷つけ自らをゆがめていたのか、汚辱と不安にさいなまれ泥沼に陥ったのか。地獄とは、不秩序による愛の不在にほかならなかった。これを素直に認めざるを得なかったフランシスコの罪の自覚の深さ、激しい悔いは、より深い真実を自己のなかにもたらした。聖パウロの言う「我が主の恩寵身に余れり、キリスト＝イエズスの世に来り給いしは罪人を救はんためにして我はその罪人の第一なり」（一テモテ一・一五）、自分さえ目を背け、見捨てたくなるようなこの私を神は心に留め給うという事実に目覚めたのである。裁かれるべき存在であるこのような自分を、神は愛されているということを実感したのである。

そして第二週には、「われとともに行かんと欲するか」というキリストの招きを聞く。イグナチオは「三様の人」についての黙想を勧める。

第一様の人は、「平安のうちに神を見いだし、救いを全うすることができるために、獲得したものに対して愛着を取り去ろうとは思っている。しかし死の間際まで実際にはなんの手段も講じない人」（『霊操』一五三）。

第二様の人は、「愛着心を取り去ろうとするが、獲得したものはそのまま持っていて、愛着心だけを除こうとする。それは、神を自分の思うところに従わせるようなものである。そして神の思召(おぼしめし)に従うには、獲得したものを捨てるのが最も優れた道であると知りつつも、その得たものを手放す決心をしない」（『霊操』一五四）。

第三様の人は、「愛着心を捨てることを望むが、得たものを取るとか捨てるとかいう望みさえも抱かないほど、愛着を捨てることを欲している。ただ神が望ませ給うところに従って、また神の奉仕と賛美とのために一層よいと見えるところに応じて、決めることを望むのである。神への奉仕になるということだけに動かされるのであり、その望みだけがものを取り、ものを捨てさせる全動機となる」（『霊操』一五五）。

イニゴは、自分の意志を第三様の人にまで高め、神の御前(みまえ)での己に一番的確な聖旨の手段を求めていくように導く。フランシスコはただ罰から逃れ救いを得るためでなく、キリストがいたらぬこの魂、そしてすべての人に示された生涯を貫く愛に自分もならって生きたいと望んだ。

キリスト者、クリスチャンの呼称は、Christani＝キリストに似るものという言葉から生まれたと言われている。すなわち、完全な人間だからクリスチャンになるというのではなく、弱くていたらない人間であり、だからこそ失敗しながらも、キリストにならってひたむきに生き抜いてゆこうとする生涯の方向づけをすること（イグナチオはこれを「生路選定」と言った）が、第二週の黙想によってなされたのである。

第三週は、キリストが正義によって裁くためではなく、受難と十字架によってともに担い、分かち合うとされたその生涯に自らもあずかるため黙想が続く。

第四週は、キリストが御自分を無にされ与えつくされたその極みである十字架上の受難と復活、すなわち輝ける愛の完成について黙想する。フランシスコも「自己を捧げる祈り」（『霊操』二三四）、すなわち、「主よ、わが自由をあますところなく、記憶も知恵も意志のすべてをも、およそわが持てるもの、おのが所有とせるものは、ことごとくわれより取りて受けおさめ給え。おんみはこれをわれに与え給いしにより、主よ、われはおんみに返したてまつる。すべては主のものなれば、聖旨のままにはからい給え。願わくは、われにおんみの愛と恩寵とを与え給わんことを、われはこれにて足ればなり」によってキリストとの一致に生かされたものとして、やがてミッシオ（派遣）に遣わされるものとなるのである。

*

〈霊操〉によって生まれ変わり、まったく新しい人間となったフランシスコ゠ザビエルは、「より大いなる神の栄光」のために、キリストが求められるところならどこへでも行って働こうという心構えができていた。

パリからヴェネツィアに

翌年イニゴの健康状態が悪くなり、医師は彼に故郷に帰って静養することを勧めた。そこでイニゴは一五三三年四月にパリを去った。他の友人たちは一五三七年一月二五日までにパリでの神学の勉学を修了し、その後ヴェネツィアで落ち合ってから、エルサレムへの巡礼の旅に出ることを約束していた。フランシスコはイニゴに兄フアンへの手紙をことづけた。

プエンタ＝ラ＝レイナ近くのオバノスの城に住んでいたフアンのもとには、信心深いのは見かけだけで、甘い言葉で籠絡（ろうらく）して学生たちを惑わす者というイニゴの悪い評判が届いていたが、フランシスコの便りには、「私がマエストレ＝イニゴを知ることができたのは、主なる神のどれほど大きな恵みであるか、兄上にははっきり知っておいていただくためにしたためます。私は一生かかっても彼から受けたものに報いることができないほどです。……彼は神の人であり、その生活態度もすばらしい方です。彼の忠告や話はたいへん有益です」と記している。

イニゴも、大学での教師としてのフランシスコをほめ、同時にうつろいやすいものにではなく、神の栄光と人々のためのより高い使徒職を志していることを伝えた。フアンは、パレスチナへの巡礼に必要な費用をイニゴに託した。

*

イニゴとその同志は、まずエルサレムへ行き、そこで神のために奉仕するつもりであった。しかし、一五三六年の夏にフランス国王フランソア一世と神聖ローマ帝国皇帝カール五世との間で紛争が起こったために、ヴェネツィアへの旅を繰り上げなければならなくなった。彼らは大学からの証明書を得て、同年一一月一五日にパリを出発した。出発の直前、フランシスコがパンプローナ司教区の参事会員に任命された通知が届いたが、彼はすでに栄誉とは別の道を歩きはじめていた。同志たちは冬の厳しい寒さのなかを徒歩でロレーヌ、アルザス、スイス、チロルを経由し、二カ月ほどかかって一五三七年一月八日にヴェネツィアに到着し、二年ぶりにイニゴと再会した。彼はこれまで人々からイニゴと呼ばれ、自らもイニゴと名乗っていた。イニゴは洗礼名で、一一世紀スペインのベネディクト会院長聖イニゴにちなんだものであったが、イタリアでは知られていなかった。このころから、二世紀の殉教者で、全教会に知られ、尊敬されていたアンティオキアの司教聖イグナチオの名を使うことにしたといわれる。

エルサレムへの旅を断念

ヴェネツィアからは毎年、聖霊降臨の祝日の後に聖地パレスチナへの船が出航することになっていた。聖地パレスチナ、ことに聖都エルサレムへの旅は、すべてのキリスト者が憧れた巡礼であった。特に十字軍時代からその熱は増し、後にパレスチナがイスラム教徒の支配下に置かれるようになってからも、毎年できるかぎり聖地巡礼が行われた。イグナチオとその同志は、六月まで神学の研究や二つの病院で病人のために奉仕する

教皇パウロ三世

ことにした。不治の病人を収容する病院でのフランシスコの働きは献身的で、後々まで語り伝えられた、とライネスは記している。

エルサレムへ巡礼する人々はまずローマを訪れ、ローマ教皇の祝福を願うのが習慣であった。神学研究のため残ったイグナチオを除いて、一一人（新たにル＝ジェ、ブロエ、コデュール、オセス、アリアスが加わった）は三月一六日にローマへと旅立ち、二五日の枝の主日に一行はローマに到着し、聖週間と復活祭の典礼にあずかった。さらに皇帝のローマ駐在大使オルティスに伴われて教皇パウロ三世に謁見した。教皇は彼らの学識と謙虚さに好意を示し、その願いを快く聞き入れ、エルサレムへの巡礼のための祝福とともに、司祭になっていない同志が司祭叙階を受けること、そして司祭としてその赴くところのどこででも全員が働くことのできる許可を与えた。このよき知らせをもって彼らはヴェネツィアに帰り、イグナチオ、フランシスコ、ライネス、ロドリゲス、ボバディリャ、コデュールの六人は司祭となる準備を調(ととの)えた。サルメロンは年齢規定によって九月に延期されたが、一五三七年六月二四日、洗礼者聖ヨハネの祝日に、ダルマチア地方のネグサンティ司教から司祭叙階の恵みを受けた。長年の祈りと勉学の後、念願の司祭職にあげられた彼らの胸は、感謝と希望に満ちあふれていた。

しかし、その頃ヴェネツィアとトルコの関係が悪化し、両国の海軍が地中海で対峙するなど政治的状況は緊張してきたので、巡礼は不可能となり、ついにパレスチナへの旅を断念しなければならなくなった。そこで一五三七年一〇月に、北イタリアのヴィチェンツァでこれからの計画を練り、イグナチオを除く司祭叙階を受けた全員が初ミサを捧げた。パリでの約束に従って、全員は翌年夏までエルサレムへの巡礼を待つことになった。そしてとりあえずそれまでの一年間二人ずつ北イタリアの各都市に出かけ、教えを説き、病院で奉仕するなど使徒的活動に励むことになった。別れる前に、自分たちのこの集いを何と呼ぶかについて話し合い、全員が〈霊操〉に従って主イエズスとともに生きるという誓いを旨として、「イエズスのコンパニア」（イエズス会）と名づけられることに決まった。

使徒的活動の開始

フランシスコは、ボバディリャとボローニャにおいて使徒的活動を開始する。フランシスコの祈りと活動は、「十字架につけられたキリストを述べ伝える」（一コリント一・二三）という使徒パウロの言葉に集約され、これはフランシスコの生涯を貫く主旋律となるのである。

一五三八年の春、同志たちはローマのイグナチオのもとに集まり、この一年それぞれ教えを説き、奉仕の活動に尽くした実りを報告し、エルサレムへの旅立ちを実現しようとあらゆる可能性を試みるが、ほとんど望みのないことがわかった。そこでモンマルトルでの誓いに従って、巡礼が果たせないときは、将来をローマ教皇の決定に委ねることにした。

教皇パウロ三世は秋の謁見のとき、「あなたがたはなぜそれほどエルサレムへの巡礼を望むのか。もしそれがキリストと人々のために働きたい意志であるなら、イタリアもいずれの地も実を結ぶよきエルサレムであろう」と述べられた。これに応えて、イエズス会は全世界に赴いてキリストの福音を伝えるために、教皇の意向に従うことを表明する。

そしてまずローマの学校でキリスト教の要理を教えることが命じられた。イグナチオはこの年のクリスマスの夜、サンタ＝マリア＝マッジョーレ聖堂で他の同志より一年あまりも遅れて初ミサを捧げる。イグナチオにとってローマがエルサレムとなり、それから一八年間、神のもとに召されるまでローマを離れることなく、イエズス会の一致と派遣の中心に「より大いなる神の栄光」のための焔が灯しつづけられるのである。

一五三九年、教皇の意向に従ってローマからシエナ、パルマ、ナポリへとイエズス会士は派遣されたが、フランシスコはイグナチオのもとにあってその仕事を助けた。それはこのイエズスのコンパニアの精神と活動を維持・継続するために、ローマ教皇に正式の修道会としての認可を願うことであった。イグナチオの霊性とキリストの福音を伝える熱意を会憲の草案にいかに生かすか、その実現までには教会内の反対や少なからぬ紆余曲折を経なければならなかった。

その最中、冒頭に記したフランシスコの東洋への突然の旅立ちとなるのである。フランシスコはイエズス会の正式認可・会憲の公布に先立って、イグナチオのもとから「より大いなる神の栄光」のために遣わされていったが、フランシスコの活動には何のためらいもなかった。それはイエズス会のすべてが〈霊操〉から出発しており、フランシスコ自身にとっても〈霊操〉が生涯の指針となっていたことは、彼の遺した書簡からうかがえる。一例をあげておこう。

一五四二年九月二〇日にフランシスコは、ゴアからの初めての書簡をローマの会員に宛てて送っている。その書簡には、インドの最初の印象が述べられているが、それは想像を絶する困難きわまりないものであった。「私たちの御主イエズス＝キリストの十字架を喜んで味わう人々は、このような困難に遭うたびに、かえって慰めを感ずるものと私は思っている」と述べているが、ここには、同じ「より大いなる神の栄光」のためであるなら、あえてキリストに似る苦しみの道を選ぶという、『霊操』の謙遜第三段階の精神が含まれているのである。

認可に際しての勅書にも、次のように記されている。


「イエズス会の設立された目的は公の説教および神の言葉を告げる務めに従事し、種々の霊操を与え、またキリスト教的博愛慈善の業を果たし、とりわけ子供や無学な人にキリスト教の福音を教え諭し、さらに告解やその他の秘蹟を授けてキリスト者を力づけ、こうして人間が実生活の面でも、キリストの教えを理解する面でも進歩するように、そしてキリストの信仰が広まるように努めることである」

イエズス会士とは、『霊操』に生きる人、すなわちイエズスの伴侶、「イエズスのコンパニア」でなければならないからである。

イエズス会の目指したもの

発足したばかりのイエズス会の目指したものは、『霊操』をキリスト者にいかに深く理解・体得させるかということであった。『霊操』は、隠遁的な生活を送らせることを目的とするものではないし、人々や社会から切り離された宗教的体験として終始するものでもない。人間形成の中心にキリストの「まねび」と一致を置き、そこから出発して真の自分自身と出会い、自立的人格を形成する。自己が確立されてのち、同じように神によって生かされ、人格を形成した他者、隣人と真に出会うことができるようになり、そうして初めてキリストが生涯をかけて教えられた愛と奉仕の精神が具体化され、他者と積極的に関わることの意義が生じてくるのである。

Exercitia Spiritualis（霊操）の Exercitia とは、自らを積極的に準備し、努力し、鍛錬し、実践

によって自分の身についたものにすることである。Spiritualis（霊）の Exercitia は同時に、人間の知性、情緒、意志、さらに身体まで含む全人格的な人間教育そのものにほかならない。『霊操』は、イエズス会士の生涯の指針であると同時に、学校教育の原理ともなった。

ヨーロッパにおいては、一五四二年にはコインブラにおいてイエズス会員のための、一五四八年にはメッシナで一般青少年のためのコレジヨ（学院）が開かれ、一五五〇年の教皇ユリウス三世の勅書には「種々の講義……」が会の目的に加えられた。イグナチオの亡くなった一五五六年には、ローマを中心に四六校を数えるまでに発展し、一五九九年の Ratio Studiorum（イエズス会学事規定）の完成に向けて様々の試みや努力が重ねられていった。日本におけるイエズス会の学校教育も、こうした流れに沿うものであった。

『霊操』に基づいた布教・教育活動と同時に、フランシスコは新たに出会う、まったくキリスト教を知らない人々に福音を伝えるにあたって、その社会・文化・伝統にいかに適応させるかという課題とも取り組まなければならなかった。これに関して、イグナチオは次のように明確な指針を示している。「時・場所・人およびこれに類する他の要素の状況を十分に考慮しなければならない」（『イエズス会会憲』三五一）。

フランシスコはやがて極東の地で、日本の文化・社会に対する深い洞察に基づいた、イエズス会の教育の理想を掲げるのである。

五　インドへの旅立ち

インドへ　「イエズスのコンパニア」は一致の絆が強いからこそ、キリストの福音を伝えるために、それぞれが新しい世界へ〈Missio〉遣わされていく。その派遣の熱意が燃え上がるほど、時と所を越える心の一致は深められる。

一五四一年四月七日、フランシスコはインドへと船出した。この日は、彼の三五歳の誕生日であった。しかし、この旅は決して順調には進まなかった。総督ドン＝マルティン＝アフォンソの乗るサンチヤゴ号と四隻の船団は、強風のためにリスボン出航が一カ月近く遅れ、ギニアの航海では凪によって四〇日も船は進まず、喜望峰を回ってモサンビークに着いたのは九月になっていた。季節風が変わったためにインドへの出航は翌年まで待たなければならなかった。半年と言われていた航海が、インドのゴアにたどり着いたのは一年余を経過した一五四二年五月であった。

インドはキリストの使徒聖トマスが教会を建てたと伝えられるが、その多くの地方はヒンズー教、南インドやモルッカ諸島はイスラム教徒によって占められていた。

一六世紀初め、ゴア、マラッカ、さらにモルッカ諸島にまで達したポルトガルは、インドの胡椒、

16世紀のインドのゴア（古地図）

モルッカの香料、さらに絹を求めて東アジアの交易を支配するようになっていた。

時を同じくして、教会もフランシスコ会士らによって活動を始め、一五三三年にはゴアに司教座が設けられていた。しかし、教会活動は主として進出していたヨーロッパ人のためであり、ポルトガルの拠点である港とその周辺に限られていた。

フランシスコはゴアでアルブケルケ司教の同意を得て公立の病院に住み、病人の世話をした。フランシスコの奉仕活動はポルトガル人だけでなく、広く現地の人々におよんだ。子供たちや奴隷にまで、歌をともに歌いながら簡単なポルトガル語で教理を教えた。さらにタミール語で祈りや教理を訳すことも試みたので、イスラム教徒の圧迫からポルトガルの保護を求める原住民にもキリスト教が受け入れられるようになっていった。

フランシスコの宣教の特徴は、進出していったヨーロッパ人のキリスト教信仰を守り、育てることにとどまらず、キリストの「すべての人に福音を」（マルコ一六・一五ほか）を実現するものであり、イエズス会の神と人々への奉仕の理念を世界の極まで、そこに生きるすべての人々へと向けていった点にある。そしてそれは植民的支配や慈善の施しではなく、心の通う温かさであった。アメリカ大陸に見られる発見と進出が、土地の領有、富の支配、やがて現地のスペイン語化にまでおよぶ完全な植民化とは異なっていた。

広がる活動の範囲

コモリン岬から漁夫海岸、コーチン、アンボン、テルナテ、モルタイ、マラッカとその東のモルッカ諸島へと、フランシスコの活動の範囲はさらに広がっていき、洗礼を授けるのに腕が痛くなるほどの改宗があったと言われている (Massei, *Vita di S. Francisco Saverio,* 170)。

アンボンからセランに渡る航海で、嵐に遭遇して沈没の危機にさらされたとき、フランシスコは十字架を海にひたして祈った。嵐は静まったが、紐が切れて十字架は海中に没した。しかしフランシスコが海辺を歩いていると、波間から一匹の蟹が十字架を挟んで現れ、それを置いて海中に姿を消したという。フランシスコの聖徳が人々のみならず、自然にも動物にもおよぶことを物語るエピソードとしてアジアの国々で語り伝えられただけでなく、ヨーロッパにも伝えられて絵画化され、紋章化されるほどであった。

五年を越えるこうした活動の背後では、フランシスコをして、極東の地日本にキリスト教を伝えると、いう導きが密かに進行していた。

ちょうどその頃、トルデシリャス条約により西回りの航路をとったスペイン船が、メキシコからルソンへの航海中遭難し、モルッカ島に漂着した。この船に乗っていた教区司祭のコスメ＝デ＝トレス神父はフランシスコと出会って強い感銘を受け、ついにはゴアでイエズス会に入会した。やがて生涯の友となる二人はともに日本へ赴き、フランシスコの離日後トレスは、その志を継いで二〇年にわたって宣教活動をつづけることになる。

*

そして一五四七年一二月、フランシスコはマラッカで初めて日本人と出会った。それが日本にキリストの福音を伝える望みに火を灯すことになる。

六　あこがれの日本へ

日本人との出会い

フランシスコの来日にあたっては、一五四七年にこのマラッカで出会った日本人（アンジロウ、またはヤジロウと呼ばれているが、日本側にまだ確たる史料的裏づけがない）と、この出会いを準備したポルトガル人商人のジョルジュ＝アルヴァレスの二人を忘れることはできない。

フランシスコはこれより先の一五四五年、マラッカの町で次に向かうモルッカ諸島への旅の準備をしていたときに、中国から帰航したポルトガル商人から重大な報告を得た。すなわち、「大きな島々のことで、東方に発見されてから未だ日も浅く、名を日本諸島と呼ぶ」（書簡第五九）という漠然とした情報であった。しかし、一五四七年にはポルトガル人とともに訪ねてきた日本人を初めて紹介されて語り合ったが、「日本人は学ぶことの非常に好きな国民であって、これはインドの不信者に見ることのできないもの」（書簡第五九）であるから、その島でキリスト教の信仰を広めれば、インドのどの地域よりも、ずっとよい成果があがるだろうとまで考えて、たちまちのうちに日本への宣教の夢が膨らんでいった。

フランシスコに「日本の事情の知識を与えた最初の人」であり、「インドから日本へ案内した人」（ルイス＝フロイス『日本史』）であったこの男は薩摩出身の貿易商人で、人を殺害して役人に追われたがアルヴァレスに助けられた。そして、彼の紹介で一五四七年一二月上旬、マラッカでフランシスコに会った。この男の最初の印象はフランシスコに深い感銘を与えた。そこでフランシスコは、自分が日本に宣教に赴いたとしたら、「すべてが彼のように知識欲旺盛」（書簡第五九）でレベルの高い国民である日本人は、キリスト教徒になるだろうかと尋ねた。彼の答えは、「すぐにはならないだろう。最初にいろいろと質問し、その答えや説明されたことに満足すれば、次にその教えと生活が一致するものかどうかを確かめる。それで納得すれば、キリスト教徒になるだろう」とのことだった。

フランシスコは、日本に宣教に赴くことこそ神のみ旨であると考えるようになり、それから一カ月半後には、「次の二年の間に、私自身か、またはイエズス会の他の司祭が日本に赴くことになるだろう」（書簡第五九）としている。またイグナチオには、「一年半後に日本へ一人か二人の会員を連れて私自身が行くか、二人の会員を先発させるかはまだ最終的に決定していないが、いずれにしても誰かが日本へ行くことは確実で、現時点では私自身で行くほうに気持ちが傾いている」（書簡第六〇）と報告している。

さらにフランシスコは、日本渡航を実現し、渡航後の宣教活動を助けると思われるこの人物を、

フランシスコの一行は1549年8月15日に鹿児島に上陸、初めて日本の土を踏んだ。

同伴した召使二人とともに一五四八年三月ゴアに送り、聖パウロ学院で教理を学ばせた。同年の五月に彼らは洗礼を受け、この人物はパウロ＝デ＝サンタ＝フェという洗礼名を与えられた（彼の日本の名前がはっきりしていないので、本書では以後パウロと呼ぶ）。パウロは一五四九年四月、フランシスコらとともにゴアを出発して、同年八月鹿児島に上陸し、フランシスコの通訳・案内役を務め、フランシスコの上洛後は鹿児島に残ったが、その最後は明らかではない。ルイス＝フロイスによれば、「海賊たちの船に乗って中国へ渡ったものらしく、人びとの話では中国で殺された」（『日本史』）ということである。

『日本報告』

このパウロ＝デ＝サンタ＝フェからの日本の宗教や日本人の信仰についての聞き書きを、ゴアで宣教にあたっていたイタリア人のイエズス会士ニッコロ＝ランチロットがまとめた、いわゆる『日本報告』が二通残っている。フランシスコはこれを読んで、大いに心が動かされたのである。

その『日本報告』には、次のように記されている。

日本人は道徳や機知においても私たちと非常によく似ている。この情報を提供してくれた人はとても才能のある人で、私たちの誰もがうらやむほどであり、そのことは彼の言行に示されている。彼は私たちの間に見られる、あらゆる種類の悪習をとても嫌悪している。……それゆえ、彼は、神の恵みによって、自分が聖なる教えの宣教者を導く道具となることを、非常に満足に思っている。

さらに次のようにも伝えている。

日本のすべての人々は私たちと同様に、数珠を持って祈る。文字が読める人は書物を用いて祈る。数珠を使って祈る人々は、一つの珠ごとに一つの祈りを唱える。その祈りは私たちの「主の祈り」の倍の長さである。珠の数は一〇八個ある。私がこのわけを質問したら、学者たちが、人間には一〇八種の罪があると説いているからである。それゆえに人々はその罪一つごとに一つの祈りを唱える、と彼は述べた。彼は、祈りが私たちのラテン語のごとき別の言語で書かれているので、その意味がわからない、と述べた。

このようにして日本についての知識が豊かになったことは、フランシスコの日本への望みをさらに燃え立たせた。

いよいよ日本へ

一五四九年一月一二日、フランシスコはコーチンからイグナチオにあてて、インドでの宣教の悲しむべき状況を報告し、その同じ書簡で、「日本の人々は非常に知識を求め、神のことについても、その他自然現象についても新しい知識を得ることを切に望んでいるそうです。このような知識欲に燃える日本人のあいだに、私たちイエズス会員がその活動によって霊的な成果をあげておけば、彼らは自分たち自身の力で持続してゆけるだろうと思います。私は内心の深い喜びをもって、日本へ行くことを固く決心しました」（書簡第七〇）と日本渡航の決意を記すとともに、日本での宣教活動の明るい見通しを述べている。

かくしてフランシスコが日本をめざしてゴアからマラッカに向かって出帆したのは一五四九年四月一五日のことで、ゴアの司令官ペドロ＝ダ＝シルヴァから日本渡航費としての胡椒、また、日本国王への多数の珍しい高価な贈り物を与えられて日本に向けて旅だった。

一行は、先に述べたトレス神父と、フアン＝フェルナンデス修道士、ほかにパウロら三人の日本人を含めた八人であった。

鹿児島に上陸

日本に上陸したのは一五四九年八月一五日で、あのモンマルトルでイエズス会の最初の七人が誓願を立ててからちょうど一五年目の、同じ聖母マリア被昇天の祝日のことであった。「長い時日を要する、危険極まる航海」（書簡第七八）だったにもかかわらず、「インドにおけるよりも豊富な収穫を得るに違いない」（書簡第八四）ことを信じて来日したフランシスコの目に映ったものは、彼の期待を裏切るものではなかった。

鹿児島に上陸してから約三カ月後の十一月五日に、ゴアのイエズス会員にあてた日本からの初めての書簡には、次のように記されている。

まず第一に、私たちが今までの接触によって知ることのできた限りにおいては、この国民は、私が遭遇した国民のなかでは、一番傑出している。私には、どの不信者国民も、日本人より優れている者はないと考えられる。日本人は、相対的に良い素質を有し、悪意がなく、交わってすこぶる感じがよい。彼らの名誉心は特別に強烈で、彼らにとっては名誉がすべてである。日本人は大抵貧乏である。しかし、武士たると平民たるとを問わず、貧乏を恥辱だと思っている者は、一人もいない。

彼らには、キリスト教国民の持っていないと思われる一つの特質がある。それは、武士たちがいかに貧困であろうとも、平民の者がいかに富裕であろうとも、その貧乏な武士が、富裕な平民から、富豪と同じように尊敬されていることである。また、貧困の武士は、いかなることがあろうとも、また、いかなる財宝が眼前に積まれようとも、平民の者と結婚などは決してしない。それによって自分の名誉が消えてしまうと思っているからである。それで金銭よりも名誉を大切にしている。日本人同士の交際を見ていると、すこぶるたくさんの礼式をする。武器を尊重し、武術を信頼している。武士も平民も、皆、小刀と大刀とを帯びている。年齢が一四歳に達すると、大刀と小刀とを帯びることになっている。

日本人は富よりも名誉を重んじる国民であると述べるとともに、折り目正しい人々であるとも記している。

彼らは侮辱や嘲笑を黙って忍んでいることをしない。平民が武士に対して、最高の敬意を捧げるのと同様に、武士はまた領主に奉仕することを非常に自慢し、領主に平身低頭している。これは主君に逆らって、主君から受ける罰による恥辱よりも、主君に逆らうことが自分の名誉の否定だと考えているからであるらしい。

＊

日本人の生活には、節度がある。ただ飲むことにおいて、いくらか過ぐる国民である。……住民の大部分は、読むことも書くこともできる。……
　神のことを聞くとき、特にそれがわかるたびに大いに喜ぶ。私は今日まで旅した国においてそれがキリスト教徒たると異教徒たるとを問わず、盗みについて、こんなに信用すべき国民を見たことがない。獣類の形をした偶像などは祭られていない。大部分の日本人は、昔の人を尊敬している。私の知り得たところによれば、それは哲学者のような人であったらしい。国民のなかには、太陽を拝む者がはなはだ多い。月を拝む者もいる。しかし、彼らはみな、理性的な話を喜んで聞く。また、彼らの間に行われている邪悪は、自然の理性に反するがゆえに、罪だと断ずれば彼らはこの判断に双手をあげて賛成する

と、日本人は道理にかなう考え方を持っていると評している。さらに日本人の貧しい食生活については、次のように報告している。

　この国では土地が肥えていないので、身体のためにぜいたくなものを食べようとしても、豊かな暮らしはできません。飼っている家畜を殺したり食べたりせず、ときどき魚を食べ、少量ですが米と麦とを食べています。彼らが食べる野菜はたくさんあり、少しですが幾種類かの果物もあります。この地の人びとは不思議なほど健康で、老人たちがたくさんいます。たとえ満足ではな

いとしても自然のままに、わずかな食物で生きてゆけるものだということが、日本人の生活を見ているとよく分かります。私たちはこの地できわめて健康に暮らしています（書簡第九〇）。

宣教の初穂の喜びについては、以下のように伝えている。

私たちのよき同僚であるパウロは、すぐに説教をはじめ、夜も昼も親戚たちに話し、その母や妻、親戚の男女、そのほか大勢の知人たちを改宗させた。彼らはすでにキリスト教徒になっている（書簡第九四）。

一五五二年一月二九日、日本を出発してゴアへ向かう途中のコーチンからヨーロッパのイエズス会員に宛てた書簡のなかで、日本がキリストとの出会いに実り豊かな地であるとして、次のように評価している。

この地（日本）は救霊の成果をあげるためにたいへんよく整えられております。そして今までのところ、信者になることを奇異に感ずる者はおりません。この国の人たちは道理を受け入れやすい人々です。彼らは真理の教えを知らないために道徳的にはたくさんの過ちを犯しながら生活していますけれど、心のなかでは道理を大切にしなければならないと思っています。彼らの心のなかに悪意が支配していることはありえないはずです

さらに、知識欲が旺盛な日本人の質問には、限りがないと記している。

彼らの教義によると、地獄にいる者でも、その宗派の創始者の名を唱えれば地獄から救われるのですから、神のみ教えでは地獄に堕ちた者にはなんの救いもないのはたいへんに無慈悲な悪いことであると思われ、神のみ教えよりも彼らの宗派のほうがずっと慈悲に富んでいると言っています。このような大切な質問のすべてについて、主なる神の恩恵のお助けによって、罪の償いができると説明し、こうして彼らは満足しました。神の慈しみをより深く説明するにあたって、私は、日本人はよりいっそう理性に従う人々であり、これは今まで出会った他の国の人には決して見られなかったことだと思いました。好奇心が強く、うるさく質問し、知識欲が旺盛で、質問は限りがありません。

また彼らの質問に私たちが答えたことを彼らは互いに質問しあったり、話したりしあって尽きることがありません。彼らは地球が円いことを知りませんでしたし、太陽の軌道についても知りませんでした。彼らはこれらのことやその他、例えば、流星、稲妻、降雨や雪、そのほかこれに

類したことについて質問してきました。それらの質問に私たちが答え、よく説明しましたところ、たいへん満足して喜び、私たちを学識のある者だと思ったようです。そのことは私たちの話を信じるために少しは役だっています。彼らはその宗派のうちでどれがもっとも優れているかをいつも議論していました。私たちが日本へ来てからは、自分たちの教えを議論するのをやめ、神の教えについて議論しました。このような大きな町で、すべての家で神の教えについて議論していることは、信じられないほどです。私たちにする質問の数々についても、書き尽くすことができません（書簡第九六）。

七　鹿児島での初穂

フランシスコたちは、鹿児島のパウロの家で温かい歓迎を受けた。鹿児島の人たちは彼らに好意を示し、朝から晩まで一日中多くの人たちがパウロの家を訪れて「ポルトガルから来た宣教師たち」（書簡第九〇）を見物し、物珍しそうにインドの話を聞こうとした。パウロはすぐに話をはじめ、「母や妻、親戚の男女、その他大勢の知人たちを改宗させた」（書簡第九四）とある。

島津貴久と会見

やがて領主の島津貴久もまず「パウロを引見して大いに喜ばれ」、「ポルトガル人の生活」についていろいろと尋ねられた。パウロはキリスト教についても説明し、幼いイエズスを抱いた聖母の御絵を見せると、領主は崇敬の念を示し、領主の母もキリストの教えを聞くことを願った。そこでフランシスコは九月二九日、大天使ミカエルの祝日に、パウロとともに伊集院の一宇治城に貴久を訪ねた。貴久はフランシスコを好意的に迎え、キリスト教についての話を聞いた。そして、宣教を許可し、同時に小さな家を貸し与えた。

フランシスコは、日本語を上手に話すことができれば、多くの人たちがキリスト教徒になることは間違いないと考え、宣教師たちに日本語の習得に取り組むようにと励ました。そのために、日本語での教理書の作製を目指し、まずその年の冬を「信仰箇条の説明書を日本語にする」ことにあてた。日本人パウロとこのような入門書をつくることは、すでにコーチンにいたころからフランシスコが手がけていたことであったが（書簡第五九）、注目すべきことは、やがてできあがるであろうこの「信仰箇条の説明書」の印刷を計画したことである。全国を行脚しての宣教活動はとうてい叶わないことであるが、幸いなことに日本には読み書きのできる人が多い。そこで「印刷の方法によって、私たちの信仰を一時に諸方へ広めることができる」（書簡第九〇）とフランシスコは考えたのである。ここに私たちは、これから四〇年後にはじまる「キリシタン版」出版の原点を見るのである。

僧侶たちとの話し合い

フランシスコは日本の諸宗教を知るために鹿児島とその近辺の寺々を訪問し、僧侶たちと話し合う機会を何度も持った。そのなかのひとりが、「この地のすべての人々からたいへん尊敬され、学識豊かで生活態度が立派な、しかも高い地位にある」〈忍室〉と呼ばれる、八〇歳になる曹洞宗福昌寺の東堂（住持）であった。「生来親切気のある気持ちのよい人」で、「いろいろなものが自然に備わったとてもよい性質」と、フロイスの『日本史』には記載されている。

フランシスコは、ある日、多くの僧侶が参禅しているのを見て、彼らは何をしているのかと尋ね

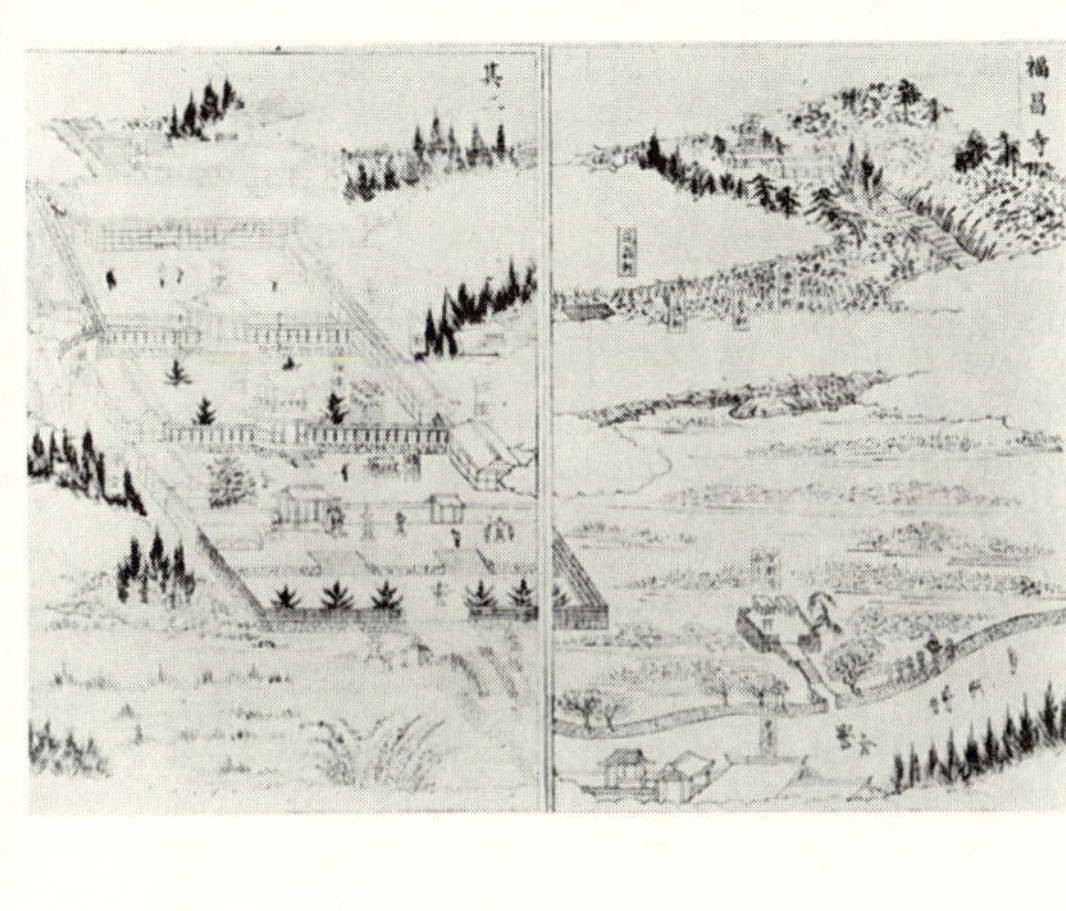

鹿児島の福昌寺
島津家の菩提寺で、フランシスコはこの寺でよく説教した。

た。忍室はにっこり笑って、「ある者は過去数カ月間に信徒たちからどれだけ収入があったかを勘定しており、ある者は自分たちのためにもっとよい着物や待遇がどこで得られるかを考え、またある者は気晴らしや閑(ひま)つぶしのことを考えているのです。要するに、何か価値のあることを考えている者はひとりもおりません」と答えたと伝えられている。

忍室は、キリスト教に興味を示し、フランシスコと宗教上の諸問題について喜んで話し合った。「霊魂が不滅であるか、あるいは身体とともに滅びるものであるか」などを論議したが、「生まれることと死ぬこと以上には何事もなく、来世もなく、悪に罰なく、善に報いなく、また、宇宙を支配する創始者もいない」(『日本史』)とする忍室は、あるときには霊魂の不滅を肯定し、また、あるときには否定する、という禅問答で、宇宙論や人間観に関してもフランシスコの考えと必ずしも一致するものではなかった。

出自も立場も全く異なる二人に、ある友情のような結びつきが芽生えはしたが、パウロの苦労しながらの通訳の助けを借りての話し合いのため、対話はあまり順調には運ばなかったようである。

日本からの報告

フランシスコ一行が乗ってきた船は、一一月にはマラッカへ帰ることになっていた。この船にフランシスコは四通の手紙を託した。それらの手紙はすべて鹿児島から一五四九年一一月五日付で送られたものである。すでにフランシスコは、鹿児島で二カ月半を過ごしていた。

手紙のなかで最も重要なのは、ゴアにいるイエズス会士に宛てたものである（書簡第九〇）。それは、新たに出会った日本をも含む全インド地方の先達として、その使命がどれほど重要であるかを自覚し、絶えずキリストとの一致のなかに生きつつ、キリストとその教会に対して強い愛を抱いていたフランシスコが、ともにアジアで働く全会員に宛てたものといえる。イグナチオはこれより少し前の一〇月一〇日付でポルトガル管区からインド管区を独立させ、フランシスコを初代管区長に任命していたが、フランシスコはまだ知る由もなかった。

この手紙は、フランシスコが認めたもののなかで最も長いものであり、「神は私たちがあれほどまであこがれていたこの国に導いてくださり、一五四九年八月、聖母の祝日（一五日）に到着」と、日本到着までの危険極まる航海の様子、日本での最初の体験、「今まで接触した国民のなかで最高である」日本人の性格、慣習、宗教および日本での福音宣教の見込みと計画など、二カ月半の滞在を通して得た印象を詳しく報告している。

また、日本人は教育と勉学に熱意を示しているので、「この国民に創造主であり、救い主でもあるイエズス＝キリストの知識をもたらすため」、この極東の地で「隣人の救霊は、自分の生命より大切にしなければならない」というキリストの御旨（みむね）に従って身を捧げる決意を述べ、宣教師としての働きがいを感じ、インドや東南アジアでは経験できなかった新しい未知の国、日本とのすばらしい出会いを燃えるような情熱をもって語っている。

フランシスコはまた、キリスト教と日本の諸宗教、特に仏教との問題点を指摘し、そこから福音宣教にとっての障害が生じうることも感じていた。

また、この長い報告のなかには、霊的勧めが記されている。その中心となるのが、真の〈謙遜〉と完全な〈従順〉、不断の〈克己〉と熱心な祈りに支えられた〈信仰〉と〈希望〉と〈愛〉こそが御主キリストの弟子のしるしであることを重ねて強調し、宣教を志し、日本で働くイエズス会士が持つべき徳を示した。こうした勧めはイグナチオの『霊操』に基づいており、特に謙遜については『霊操』一六五―一七〇の「謙遜の階梯」にほかならない。この書簡は、『霊操』がフランシスコ自身においていかに生き生きと現実のものになっていたかをも示している。

もう一通の手紙（書簡第九二）のなかで、フランシスコはゴアにいるバルタザール＝ガーゴら三人の会員に日本に来るように命じている。ガーゴはフランシスコの指示に従って一五五二年八月七日に豊後に渡来、同地や山口・博多で宣教活動の基礎を築くことになる。また、アントニオ＝デ＝ゴメスへ宛てた手紙（書簡第九三）では、インドと日本における福音宣教上の種々の問題に触れ、「大きな信頼をよせることができる、謙遜な労働に服することができる人」を日本に派遣するように望み、信仰における兄弟であるゴメス自身には全人類的な兄弟愛を実践するように励ましている。さらにフランシスコは、日本とポルトガルの貿易問題にも言及し、特に堺に商館を設けたうえでの両国間の貿易を勧めている。

日本人最初のイエズス会士

日本語の勉強を続けながら、彼らは「信仰箇条の説明書」の作製に力を注いだ。この教理書には天地創造、原罪、旧約の歴史とキリストのご託身、キリストの生涯、キリストの救いのみ業（わざ）および最後の審判が詳しく述べられており、聖書と教会の教えに基づいたカトリック教理の要点が説明されていた。フランシスコたちはこれを用いて福音宣教を開始したのである。

フランシスコたちの真摯さに深い感銘を覚え、言葉の壁を乗り越えてキリストの福音を受け入れ、キリスト教徒となった人々もあった。受洗者のなかに、フランシスコから「ベルナルド」という洗礼名を受けた一人の青年がいた。フランシスコの忠実な同伴者、協力者として平戸、山口、都への旅をともにし、一五五一年フランシスコとともにインドへ赴き、さらにヨーロッパへ渡って一五五三年リスボンでイエズス会に入会、日本人最初のイエズス会士となった。ベルナルドは一五五四年ローマを訪れてイグナチオたちに会い、フランシスコのことについて詳しく報告している。ポルトガルに戻ってからはコインブラの学院で勉強を続けていたが、道なかばにして一五五七年、病気のために亡くなった。かれこそヨーロッパに渡った最初の日本人で、深い信仰と穏和な性格は人々の敬愛の的となった、と伝えられている。

受洗した人たち

フランシスコたちが住んでいた家主の婦人も受洗してマリアという名を授けられた。一五八三年にルイス＝デ＝アルメイダが薩摩で宣教した際、「メストレ＝フランシスコ（ザビエルのこと）から洗礼を授けられたマリアという老女は今も生存し、その町には彼女のほかにキリシタンはいないものの、全き信仰を保ち、あたかも常にすべての典礼ならびに説教によって教育されているもののようである」（『一五八三年度日本年報』）と、彼女が生涯熱心にキリシタンとして生きた様子が報告されている。

薩摩の北西にあった要塞、市来城の家老も鹿児島でフランシスコの説教を聞いて受洗し、ミゲルという名を授けられた。フランシスコは招かれて市来城へ赴き、ミゲルの紹介によって好意をもって迎えられ、同地に数日間滞在して教理を説き、ミゲルの家族のほか、城主の家族と家臣合わせて一五人に洗礼を授けた。

フランシスコが鹿児島に滞在した一年間に約一〇〇人が神の子となった（書簡第九六）。

鹿児島を去る

しかし、仏僧の反撥が次第に強まり、キリスト教の宣教を阻止しようとして、領主貴久にキリスト教の禁令を要求した。貴久は貿易のことも考慮して躊躇していたが、一五五〇年七月初めに、フランシスコ＝ペレイラ＝デ＝ミランダを船長とするポルトガル船が鹿児島ではなく平戸に停泊したことを契機に、ついにキリスト教の禁止に踏み切った。

かねてから都へ上り、〈国王〉（天皇）の許可を得て日本全国にキリスト教を広めること、また、学問と教育の中心である〈大学〉へ行くという計画を立てていたフランシスコは、この機会にそれを実行に移すことにした。出発を前にして市来の信者を訪れてその信仰を励まし、教理書の写しや種々の祈り、祝日表、ロザリオやヂシピリナ（苦行のための鞭）、その他の記念品を残した（このフランシスコの遺品にまつわる奇跡については、これより一〇年後の一五六二年に薩摩を訪れたアルメイダが詳しく報告している）。ミゲルに信者の世話を託し、八月末、トレス、フェルナンデス、ベルナルドらをともなって鹿児島を去り、まず平戸に向かった。

八　平戸――博多――山口へ

平戸での宣教

九月、一行は平戸へ上陸し、そこに停泊していたポルトガル船の人たちから盛大な歓迎を受けた。領主松浦隆信はポルトガル人との交易を希望していたので、フランシスコたちにも好意を示し（書簡九六）、自分の家臣である木村という武士の家に宿泊させた。松浦隆信が平戸で宣教することを許したので、フランシスコとフェルナンデスは鹿児島でつくった簡単な教理書を用いてすぐに宣教を始め、滞在した二カ月ほどの間に一〇〇人ほどに洗礼を授けた。

三人の福者

最初の受洗者は一行が泊まった家主の木村であり、家族全員がともに神の子となった。フランシスコの平戸滞在は短く、また後事を託されたトレスも翌年にはフランシスコから山口に呼び寄せられたので、平戸での宣教活動は活発とは言えなかった。加えて領主の松浦隆信は後に迫害と弾圧を繰り返すようになるが、この木村という家族は信仰を守って子孫に伝え、信仰に生命を捧げた栄（は）えある三人の福者を生んだ。

フランシスコを迎えたこの木村の孫で、にあばらルイスとともに最初の邦人司祭として長崎で叙階された木村セバスティアンは、一六二二年九月一〇日に長崎の西坂で火あぶりによって殉教した。また、セバスティアンの従弟レオナルドもイエズス会に入り、画家・銅版彫刻師となったが、このレオナルドも一六一九年一一月一八日に長崎で殉教した。一六一九年一一月二六日に長崎で斬首されて殉教した木村アントニオは、セバスティアンの甥にあたる。この三人はいずれも日本二〇五福者に数えられている。

平戸にあるフランシスコの記念碑

できるだけ早く都へ上ろうとしていたフランシスコは、一〇月末に旅立つことを決めた。希望どおりに直接都へ赴く方法が見つからなかったので、平戸から山口へは徒歩で、山口からは海路で堺へ、堺から都へと道をたどる。トレスらを平戸に残し、フェルナンデスと鹿児島で洗礼を受けた日本人のベルナルドをともなって、まず山口に向かった。

平戸から山口へ

平戸を出発したフランシスコの一行は、博多まではおそらく船で、その後は徒歩で下関を経由して一一月上旬に山口に到着した。

平戸から山口までは約二三〇キロの長旅、加えて一〇月末ともなれば寒気も加わりはじめ、その旅は困難を極めた。同行したフェルナンデスは、この旅から一三年もたった一五六三年の末かその翌年に、場所も同じ平戸の度島で、このときの旅の様子をフロイスに詳しく語っている。フロイスはその年（一五六三年）の七月、西九州の横瀬浦に着いたばかりで、度島で先輩のフェルナンデスとともに生活し、日本語や日本の習慣などを学んでいた。このとき聞いた話を、フロイスは後に自らの大著『日本史』に採録している。

日本の宿では藁の筵（むしろ）と木の枕を貸してくれる程度で、フェルナンデスとザビエルは、夜、かなり身体が冷え、腹もすかし、びしょ濡れになってそのような宿に着いても、それらの幾つかの宿には、身体を休めるなんらの設備もなかった。また別の折にはたいへんな寒さと深い雪のために脚が腫れたりした。またある時には、非常に道が険しく、高い山脈を越えてゆかねばならなかったし、背中に荷物を負っていたので途中で倒れもした。またザビエルらは、日本人の目にはいとも新奇で、かつてその地方で見たこともない異様さであり、それに貧しい身なりをしていたので、路頭や広場で時々、子供たちから投石されたり罵倒された。このような艱難辛苦を嘗めながらザビエルは道をたどった（『日本史』第一部第三章）。

領主大内義隆と謁見

山口は、周防・長門を中心に守護大名として勢力を伸ばした大内氏が、一四世紀後半、それまで居住していた氷上から周防国吉敷郡宇努郷に居館を移して築いた町であった。京に上ることが多かった大内氏は、京都を模して町をつくり、以来約二〇〇年間城下町として栄えてきた。

戦乱を避けて京都の公家などの文化人が大内氏をたよって山口にくだってくることも多く、また大内氏も京都の文化にあこがれ、僧侶を招いて各所に寺院を興したりした。そのうえ、大内氏は対明貿易で博多商人と組んで、堺商人と結んだ細川氏とはげしく争ってこれに勝ち、貿易の実権を独占して巨大な利益を掌握したので、こうした経済的な基盤もあって、京都の文化が山口に移ったとさえ言われ、多彩な文化の花を開かせていた。

フランシスコが訪れた当時の山口の領主は大内氏第三一代の義隆で、彼は当時最も有力な守護大名のひとりであった。彼は明との貿易も手中にしており、大内氏の伝統とする学問や芸術の保護をも奨励し、各方面からすぐれた学者や僧侶を招いていた。

フランシスコは内田という人の家に宿を得て、すぐに人々の関心の的になった。そこでフランシスコは福音宣教をはじめた。彼は一日に二回フェルナンデスを連れて公の場へ行き、フェルナンデスは鹿児島で作製した教理書のある部分を読み上げて説明を加えた。その際にはかたわらに立ちながら、フランシスコは心静かに祈っていた。これは町の主な街頭や通路で行われたので、多くの人々が聞きに集まった。宣教師を屋敷へ招いた高貴な人は少なくはなかった。フランシスコたちは貧しい身なりをしており日本語が上手ではなかったにもかかわらず、キリストの教えの根本に触れた人もいた。

領主の家臣内藤興盛は浄土宗の熱心な信徒で多くの寺と交わりがあったが、フランシスコを屋敷に迎え、その話を喜んで聞いた。やがて内藤の斡旋で、二人は領主大内義隆に謁見することが許された。義隆は二人を親切に迎えていろいろな質問をし、キリスト教に関する説明を求めた。しかし、フェルナンデスがフランシスコの指示で教理書から世界の創造と神の掟について一時間ほど読み上げ、神の掟に反する罪を指摘する段になったところで謁見が終わってしまった。

その後も二人は公の説教を続けたが、あるとき、聴衆のひとりがフェルナンデスに唾を吐きかけた。フェルナンデスは落ち着いて顔をぬぐい、説教を続けたという。これを見た宿主の内田は心を打たれ、その後キリストの教えをよく学び、フランシスコから洗礼を受けた。内田の妻および親戚の者も入信したが、この山口訪問で受洗した者は多くはなかった。

九　上洛そして離京

都への旅を再開

クリスマスの八日前の一五五〇年一二月一七日（天文一九年一一月一〇日）、フランシスコはフェルナンデスとベルナルドをともなって憧れの都への旅を再開した。都では天皇に謁見し、ローマからはるばる航海を続け、途中さまざまな艱難を克服して来日した自分たちの使命を表明し、日本全国に福音を宣教する許可を得るとともに、この地の有名な大学を舞台として大いに活動する希望に満ちていた。

しかし、フランシスコの都における動静を伝える史料は極めて乏しい。フランシスコ自身が日本を去ってインドへ向かう途中のコーチンで認めた書簡と、一緒に旅をしたフェルナンデスが後に語ったものをフロイスが『日本史』にまとめたもの、フランシスコとフェルナンデスの上洛を平戸で見送ったトレスの山口からの書簡、フランシスコたちの古い報告書を引用してまとめたロドリゲスの『日本教会史』などがあるだけである。

堺に到着

一行は山口から岩国までは徒歩で、岩国から堺へは船で旅を続けた。冬の厳しい寒さ、食物の不足、一部の人の不親切のため、この旅はベルナルドが後に述べているように非常に苦しいものであった。しかし、船が途中停泊したところで、ある人が「天竺から来た旅人」に同情し、堺の友人宛に彼らの都への旅を世話するように紹介状を書いてくれた。この紹介状のおかげで堺に着いた一行は、港の前の櫛屋町の裕福な商人日比屋クド（フクダの誤りか）を訪れ、わずかの間ではあったが歓迎されてくつろぐことができ、また、都の知人宛の紹介状も書いてもらうことができた。

フランシスコの時代にはじまったこの出会いは、数年の後に実を結んだ。一五五九年の暮れ、ガスパル＝ヴィレラ神父は都での宣教をはじめるために堺を訪れた。このときクドの息子了珪の家に立ち寄り、一五六一年にはその一家はキリシタンになっている。そのとき以来、日比屋は堺の教会の柱石となり、教会に多くのキリシタンが育った。

迫害時代に入ってからのことであるが、追放先のマカオで小西リアンというひとりのキリシタンが死んだ。ペドロ＝モレホン神父は、「リアンは了珪ディオゴの孫であり、その了珪の父は日本の聖なる使徒フランシスコ＝ザビエルに宿を与えた」（一六二八年九月二七日付書簡）と伝えている。平戸の木村といい、堺の日比屋といい、フランシスコの蒔いた種は、「慈しみが結ぶ実をますます大きくさせ」（二コリント九・一〇）たのである。

あこがれの都に到着

この豪商の斡旋によってフランシスコたちは都にのぼる貴人の随員に加わることができ、無事に都に入ることができた。堺から都までの順路については確かではないが、一八里（約七二キロ）の雪の道をほとんど駆け足で行った（フロイス『日本史』）ということである。フランシスコはキリストの福音を日本の都へもたらす喜びにあふれており、足どりは軽かった。日比屋クドは都にいた親戚の商人に手紙でフランシスコたちを紹介し、彼らが希望していた比叡山延暦寺の訪問を世話してくれるように頼んだ。この紹介状の宛名人、すなわち、都でフランシスコが訪れた人物は、「おそらく小西立佐に違いない」と、シュールハンメルは述べている（『日本における聖フランシスコ＝ザヴィエル』）。

一五五一年一月中旬にフランシスコとフェルナンデスおよびベルナルドは、小西の家に都の宿を得ることができた。それから八年後の一五六〇年、小西の家の長男立佐がジョウチンの霊名で洗礼を受け、家族（息子が行長アゴスチーニョである）とともに日本の教会の柱石ともいう家族となる。立佐は一五九四年に没するが、当時の管区長ペドロ＝ゴメスは、その追悼の辞を述べるにあたり、彼がフランシスコと知己であったことを強調している。

都の大きさと壮麗さについてフランシスコは以前からさまざまなことを聞いていたが、実際に来てみると想像していたものとはほど遠い情況にあった。応仁の乱以来相続いた戦乱のために、都は荒廃していた。フランシスコもそれらの戦禍のあとをいくつも見たが、それでも御所や多くの寺院

比叡山延暦寺／フランシスコは延暦寺の座主に面会しようとしたが実現しなかった。

や屋敷から受けるものは、やはり都は数世紀にわたって日本の伝統の中心であるという強い印象だった。彼は天皇に謁見するほか、比叡山を訪れて学僧たちと対話しようと望んでいたので、小西はさっそくその準備を整えた。

厳しい現実に直面

比叡山のふもとの坂本には婿養子が住んでいたので、小西は一人の従者をつけてフランシスコと二人の同伴者をそこに送り込んで世話をしてくれるように頼んだ。三人は延暦寺の住職に会って学問所を訪れる許可を得ようとしたが、慣例的に要求される贈り物を持参しなかったために、面会は実現しなかった。さらにフランシスコは天皇に謁見する機会を探し求めたが、ここでも貢ぎ物を求められたので、またもや彼の計画は水泡に帰することになった。戦国の世の旅の危険を恐れて、マラッカから持ってきた贈り物は平戸に残してきたので、それらを急いで運んでくるつもりであるという申し開きも効果はなかった。フランシスコにもしだいに日本の政治状態がつかめるようになった。

一四六七年から一一年にもおよんだ応仁の乱と下剋上の風潮によって、各地が戦乱状態にあり、都も荒廃していた。皇室の式微は極度に達し、天皇にはもはや権威も権力もなかった。また、天皇に謁見するには複雑な手続きが必要で、宣教許可を得るという当初の期待も薄れ、また、宣教許可を得たとしても、たび重なる戦乱で焦土と化した都ではたして福音の種子を蒔くことができるのかどうかも疑わしくなってきた。

フランシスコとフェルナンデスは山口で行ったように、都でも街頭で公に説教しようと試みたが、冬は厳しく、人々は新年（二月六日）の準備にあわただしくて何の効果もなかった。そのうえ人々は新しい戦乱を予想して不安と恐れにおののいていた。

新たな決意

こうした都の事情を考慮したフランシスコは、都を去って山口で新たに宣教を進めようと決心した。都へのぼる途中、山口にしばらく滞在して領主大内義隆とも会い、状況もわかっていたことから、都に比べれば少なからぬ効果をあげられるに違いないと考えた。そこで平戸に残した異国の贈り物と、インドのポルトガル副王およびゴア司教の信任状を山口の領主に差し出して、宣教の許可を願うことにした。

フランシスコと二人の同伴者はわずか一一日間都に滞在しただけで、新たな宣教の地に向かうべく、ひとまず平戸への帰途についた。

堺からの船旅は、実りなき都での疲れと、容赦ない二月の寒さで彼らを苦しめた。それでも四カ月半ぶりに彼らはトレスに再会することができた。平戸では、ポルトガル船はすでに出航していたが、トレスの活躍によってキリシタンも増え、教会も発展していった。フランシスコはごく短い滞在の間に、山口での新しい宣教活動を準備した。

一〇　山口での宣教活動

ふたたび大内義隆に謁見

一五五一年四月下旬に、フランシスコはフェルナンデスやベルナルドおよびもう一人の日本人のキリシタンをともなってふたたび山口に入った。今回は前にきたときのような貧しい姿ではなく、盛装してインドの副王の使節として領主に謁見した。その際フランシスコは、本来は天皇に献呈するはずだったインド副王、およびゴアの司教の信任状と一三の贈り物を大内義隆に差し出した。信任状は羊皮紙に美しく認(したた)められており、贈り物のなかには精巧な時計、三つの砲身を有する火打ち石銃、マンコルディオ（鍵盤楽器の一種）、ポルトガルの布、葡萄酒などがあった。義隆が返礼によこそうとした贈り物をフランシスコは辞退し、ただ福音を宣教すること、人々が自由にキリストの教えを聞くことを許してくれるように願った。義隆は喜んで許可を与えるとともに高札で公布したのみならず、返礼の贈り物を持たせて使節をインドへ送る意図さえ表した。フランシスコたちは義隆から無人の寺を住居として提供されたので、そこに移って宣教活動を開始した。

宣教活動の開始

領主が宣教師を友好的に迎え、なおかつ宣教許可が公布されたので、毎日いろいろな階層の人々が訪れてキリスト教の話を聞き、宣教師との対話もさかんに行われるようになった。フランシスコとフェルナンデスは街頭に立って一日二回説教し、そのあとで長い論議がかわされるのが常であった。

フランシスコはまず自然の現象、天体と地球、日蝕や月蝕などについて語り、創造主なる神、人間の創造、罪、救いおよび道徳についてのキリスト教の教えを説き、フェルナンデスがこれを通訳した。これらのことについて多くの質問が出され、神の本性、創造の目的、悪の起源、キリストを知らない人の運命などについての説明が求められた。フランシスコは特にこの最後の質問に答える際には、神はすべての人に善悪を識別する力をお与えになり、人はその選択に責任を持たなければいけないことを強く指摘した。

山口市にあるフランシスコの記念碑

仏教の僧侶たちは各宗派の立場からさかんに論争をしかけてきたので、フランシスコも彼らの考えを以前よりもよく理解できるようになった。そこでそれまで神を表すのに用いてきた真言宗の「大日」という言葉の代わりに、ラテン語の「デウス」を使い、キリシタンたちにもこの用語を使わせることにした。

琵琶法師ロレンソ

フランシスコの熱心な宣教活動はやがて実を結び、キリスト教に帰依する人の数も増えてきた。新しいキリシタンのなかには、町の最も有力な人たちがいたばかりでなく、関東の足利学校で長年学び、仏教の各宗派の教説にも詳しい学識の高い人もいた。また、目の不自由な日本名不明の琵琶法師もキリストの教えを学び、フランシスコから洗礼を受け、ロレンソという名を授けられた。

ロレンソは肥前白石の出身で、一五二六年（大永六）に生まれ、受洗後まもなく同宿（元来は仏教用語で、宣教師の通訳、教理の説明、教会内で奉仕の仕事などにあたった）として教会に仕えるようになった。明晰な知性の持ち主で、キリストの教えを深く理解し、それを立派に説明できる優れた説教家であった。

彼の話を聞いて改心した人のなかには、高山飛驒守ダリヨとその息子右近ジュスト、小西立佐とその子行長アゴスチーニョなど、指導的なキリシタンたちがいた。彼は後にイエズス会に入会し（正式に入会した時期は史料に明らかでないが、日本人としては第一号であった）、約四〇年間説教師として身分の上下を問わずに熱心に宣教に励み、大きな功績をおさめた。そのためか、彼のことは世間でもよく知られていたようで、日本の文献にも「りやう西ロレンソ」（『伴天連記』）、「ロレンス」(『吉利支丹退治物語』)などと記されている。

ロレンソは一五九二年二月三日、長崎のトードス＝オス＝サントスの修道院で没した。当時、宣教師が亡くなると(殉教者の場合は別であるが)、普通はその年度の『年報』に遺徳を偲ぶ追悼文が記載されるが、ロレンソの場合には、かつて都でともに宣教したフロイスが、その著作『日本史』第三部第三五章に、「日本人であったイルマン＝ロレンソの死について」の一章を設けている。

また、マテウスという洗礼名を授かった若い改宗者は、鹿児島のベルナルドのようにフランシスコのもとに留まり、後にともにインドへ渡った。そこからベルナルドとヨーロッパに渡ろうとしたが、インドの気候に耐えられず、ゴアの聖パウロ学院で死亡した。

フランシスコは山口に四カ月半滞在したが、その間に約五〇〇人がキリシタンとなった。キリシタンたちの誠実さと熱意はフランシスコを大いに力づけ、日本の教会は実り豊かなものになるであろうと彼は確信した。

豊後に出発

一五五一年の夏、ポルトガル船が豊後の沖の浜に錨をおろした。フランシスコは八月になって山口でこのことを聞くと、ただちに豊後へ向かうことを決心した。日本に渡って以来、インドからは一通の便りもなかったので、この船が手紙を運んできたのではないかと期待したのであった。

トレスと日本人アントニオ、インド人のアマドールを平戸から山口へ呼びよせ、フランシスコ不在中の山口の教会に心を配るよう彼らに頼んだ。フェルナンデスは山口に残った。トレスは九月一〇日に山口に到着すると、数日にわたってフランシスコから宣教活動の状況について説明と指導を受け、何の支障もなく活動を続けることができた。

トレスの到着と前後して、フランシスコは豊後の領主大友義鎮（のちの宗麟）から豊後への来訪を懇請する手紙を受け取った。若き領主義鎮は数年前からポルトガル人と面識をもっており、フランシスコを喜んで迎えようとした。インドでフランシスコが知り合いになった船長ドアルテ＝ダ＝ガマも手紙をよこした。ガマはあのインド航路の発見者ヴァスコ＝ダ＝ガマの息子で、日本に滞在するフランシスコを大いに助け、フランシスコに豊後の若き領主を紹介したのであった。フランシスコは九月一五日、日本人ジョアンを通訳者とし、さらに二人の日本人ベルナルドとマテウスを連れて豊後へ出発した。

一一　別れ、豊後からインドへ

大友義鎮と謁見

豊後は山口から五日ほどの旅程である。一行はまず沖の浜へ行き、そこでポルトガルの船長と乗組員から盛大な歓迎を受けた（沖の浜は一五九六年に地震と津波で全滅し、日出港だけが残った）。フランシスコは、そこから多くのポルトガル人にともなわれ、荘厳な行列で府内の南端にあった領主の城へ赴いた。当時二一歳で前の年に家督を継いだばかりの大友義鎮は尊敬をもってフランシスコを迎え、喜んでキリスト教の話を聞き、領地内で宣教する許可を与えた。また、ポルトガルと友好関係を持ちたいと希望した。フランシスコは義鎮から沖の浜に住まいを与えられ、そこでまずポルトガル船の人々のために司牧活動をはじめた。また、福音宣教に尽くし、少数ではあったが日本人もキリシタンとなった。義鎮が洗礼を受けるのはこれより二七年後の一五七八年であるが、福音の種はすでにこのときに蒔かれていたのである。

インドからの手紙

しかし、フランシスコが大いに期待していた、日本へ来るように伝えていた会士については何の知らせも得られなかった。加えて、来日して初めて受け取ったインドからの手紙で、インドのイエズス会に数多くの困難があることを知って、出港するガマの船で一度インドへ帰って会の問題を解決することにした。問題を処理した後はただちに日本のための新しい宣教師を連れて戻ってくる、これがフランシスコの決断であった。この決意を急いで山口のトレスとフェルナンデスに知らせ、自分の不在中の宣教活動の指示を与え、フェルナンデスにはヨーロッパにいるイエズス会士の参考のために、仏教の僧侶たちとの討論の記録をつくるように頼んだ。一〇月末に、アントニオが山口からトレスとフェルナンデスの手紙をもってやってきた。彼はまた山口で起きた反乱についても報告した。

大内義隆の死と山口での活動

山口では、フランシスコが出発してから一週間あまりは、仏教の僧侶たちも他の人々もトレスやフェルナンデスの話を聞いたり議論も続けていたが、しだいに足が遠のいていった。戦乱の恐れが広がったからである。そして大内義隆の家臣、陶隆房（のちに晴賢と改名）はついに反旗を掲げて攻め入り、九月二九日に山口を占領した。多くの寺や屋敷が灰燼に帰した。義隆は九州へ逃げる途中で敵に襲われ、子供たちとともに切腹して果てた。山口の宣教師とキリシタンたちにも大きな危険が迫ったが、幸いなことにトレスとフェルナンデスは内藤夫人の助けによってある寺に二日間隠れ、その後は内藤家に潜伏していた。内乱が終わると反乱軍の指導者は豊後の領主大友義鎮に使節を送り、弟の晴英を山口の領主として招くことを伝えた。晴英はこれを承諾し、翌一五五二年の春に山口に移って大内義長と名乗った。彼ははじめから宣教師たちを保護することを約束したので、一五五六年、毛利元就が山口を占領するまで、トレスとフェルナンデスは活動を続け教会はにぎわいをみせた。

トレスはフランシスコの要請に従って、祖国スペインのバレンシアやインドのイエズス会士たちに日本についての詳しい報告を送り、兄弟たちの心に宣教への熱意の火を灯した。バレンシアへの手紙では自分がインドへ旅したときのことや、イエズス会に入会したときのことも記している。三通目の手紙では、フランシスコに山口での反乱と自分たちが危険にあったことを知らせ、山口のキリシタンのために祈りを願い、フェルナンデスも手紙でその試練を詳しく報告した。このときにフランシスコに届けられた宣教師と僧侶たちとの宗論の記録は詳細にわたっており、論議の真剣さを伝えている。フランシスコはこれを引用して、ヨーロッパのイエズス会士に日本人の宗教観を説明し、日本で働こうとする宣教師に必要な準備をさせるつもりであった。

インドに向けて出発

フランシスコは山口のイエズス会士に慰めと激励の手紙とともに、新しい聖堂を建てるための資金を送った。さらに府内でもう一度領主大友義鎮に会って暇（いとま）ごいをした。義鎮は別れを惜しみ、高貴な武士に親書を持たせてインドへ送り、ポルトガル国王に友好関係を願い、宣教師の派遣を要請し、貴重な鎧を贈呈することに決めた。この使節はフランシスコと日本人ベルナルド、マテウス、ジョアン、アントニオとともにインドへ向かうことになった。ベルナルドとマテウスはそこからヨーロッパに渡り、他の二人は翌年日本へ帰って宣教師を世話する任務についた。

こうして一五五一年一一月一五日、フランシスコはガマの船で豊後の沖の浜を出航した。今回はイエズス会の事情で余儀なくインドへ戻るが、翌年八月に来航する次のポルトガル船で、新しい宣教師を連れてふたたび日本の土を踏むつもりであった。日本を離れても日本への思いはフランシスコの心に燃えつづけ、日本のキリシタンばかりでなく日本の人々と文化を深く敬愛しつつ、この国の宣教のために最善を尽くす熱意は強まるばかりで、これが日本との永遠の訣別になるとは夢にも思ってもみなかった。

二年三カ月の滞在

日本での滞在は、一五四九年八月から一五五一年一一月までのわずか二年と三カ月であった。この間に、フランシスコの頭髪はすっかり白くなってしまったという。犠牲と苦難のうえにかち得たものは、数字のうえからみただけでは決して満足のゆくものではなかったといっても過言ではあるまい。鹿児島で一〇〇人のキリシタンが生まれたが、平戸、さらに都では皆無に等しかった。最も理解を示した領主がいた山口でさえ、「五〇〇人前後の人たちが洗礼を受け」（書簡第九六）たに過ぎなかった。全部を通算しても約七〇〇名。この数字は、フランシスコ自身がヨーロッパのイエズス会員に宛てて、一五五二年一月二九日にコーチンから報告したものである。

「友人も知己もなく、すべては天と地を創造なさった御者の敵で、すべてが偶像崇拝者で、キリストの敵ばかり」に囲まれ、神以外に信頼し希望をおくことのできるものが何ひとつない異教の国にあって、「言葉がわからないために、おし黙っているだけ」（書簡九〇）のもどかしさはいかばかりであっただろうか。

恐怖、労苦、危険を冒しての旅。加えて人々から受ける嘲笑や罵詈など、犠牲と苦難とに満ちた日本滞在だったが、その十字架が重ければ重いほど、フランシスコの日本への思いは熱く燃え立つのであった。

一二　中国へも福音を

広東沖の上川島からマラッカへ

航海ははじめのうちは順調であった。しかし、中国の海岸に近づいたときに暴風雨に見舞われた。船につながれていた小船は二人の船員を乗せたまま切り離されて、荒波のなかに消えてしまった。助ける手段はなかったが、フランシスコは熱心に神に祈り、船長をはじめ乗組員を勇気づけた。小船は三時間後に無事に戻ってきた。助かった二人は回教徒だったが、フランシスコからキリスト教を学んで洗礼を受けた。その後船は支障なく航海を続け、一二月中旬に広東から約一五〇キロほど離れた、ポルトガル人と中国人の密貿易の本拠地であった上川島に着いた。

広東の沖にあったその島にはフランシスコの以前から忠実な友ディオゴ＝ペレイラのサンタ‐クルス号が停泊しており、マラッカへ帰るための順風を待っていた。ドアルテ＝ダ＝ガマはシャムで越冬するつもりだったので、フランシスコはペレイラの招きに応じてサンタ‐クルス号に乗り換え、マラッカに向かうことにした。

フランシスコはペレイラから二つの重要な情報を得ていた。一つは、六月の初めからマラッカが

広東の沖、上川島のフランシスコの記念聖堂

ジャホーレ国王と回教徒の同盟軍に包囲されており、犠牲者も多く苦しい状況にあるということであった。このため、日本にいるフランシスコに手紙を送ることができなかったのである。もう一つは、ポルトガル人の二艘のジャンクが不法取引のために中国の警備隊に捕らわれ、乗組員と乗っていた商人が桂林で拘禁されているということであった。

他にも広東の牢獄で厳しく監禁されているポルトガル人がおり、ペレイラのもとに釈放のための助力を願う手紙が届いていた。そこでポルトガル国王の使節が中国へ行って当局と交渉し、取引を許可し、捕らわれている人を釈放する協定を結ぶように勧めた。フランシスコは中国に対しても大きな関心を抱き、この国に使徒的な情熱を感じるようになった。

高まる中国への関心

事実、フランシスコは六年前の一五四五年にマラッカに滞在していたとき、「シナと呼ばれ、大きな取引が行われる国からやってきた一人のポルトガル商人」（書簡第五五）に会って中国大陸の話を聞いたときから、この国に関心を寄せるようになっていた。「この民族を知っているたくさんの人々に、彼らのうちで遵守されている祭式や習慣などを知らせてくるように頼み」（書簡第五五）、いつの日か自らも渡航する意志のあることを表明し、フランシスコ自身が「その地方を見、経験にもとづいて」（書簡第五五）、ヨーロッパにいるイエズス会員に報告すると記している。

日本滞在中、フランシスコは日本の文化と宗教が中国から大きな影響を受けていることを感じていた。そしてさらに、中国におけるキリスト教の宣教が日本の教会の発展にも役立つと考えた。しかし、中国は「海禁」によって外国に対して門戸を閉ざしており、一五一六年からたびたび中国にやってきたポルトガル人たちも多くの不幸な事件のために追放され、入港も貿易も禁止されていた。その門戸を開くためには、ポルトガル国王から中国の皇帝へ使節を派遣し、両国の間に友好関係を樹立させることが必要であり、そうすることによって、必然的に中国での宣教の自由も与えられると考えたのである。

そこでフランシスコは日本に帰るより先に中国への使節の派遣を試みた。日本に滞在していたときに、古来から中国の日本に対する精神的な影響がいかに大きなものであったかを感じており、「中国人はすこぶる教養が高く、日本人よりもさらに才子であり」（書簡第九六）と記している。この中国がキリスト教の信仰を受け入れるならば、アジア全体のキリスト教化に非常な助けとなるだろうと考え、「この一五五二年の間に、私は中国の国王のいるところへ行こう」（書簡第九六）と大きな抱負を抱いていた。

後述するように、このフランシスコのヴィジョンは、彼の死によって中国大陸を目前にして空しくついえてしまったかのように思われた。しかし、ちょうどフランシスコが亡くなった一五五二年に生を受けた後輩のイエズス会士マッテオ゠リッチによって、三〇年たった一五八二年に実現されることになる。

ペレイラがフランシスコの願いに応じてポルトガル国王の使節の役目を引き受け、フランシスコ自身は使節の同伴者としてキリスト教を布教しようと考えていた。しかし、かつてはどんな労苦をもいといはしなかったフランシスコも、「精神的な力さえ尽き果ててしまった」（書簡第九六）と、人間の無力さを認めている。それでも、「神がその慈愛をもって、困難きわまる中国渡航を成就せしめる御恵みを垂れ給うであろう」（書簡第九六）ことを期待しつつ、渡航のための具体的な準備を整えることにした。

フランシスコはゴアへ行って、ポルトガル副王からペレイラを中国への使節に任命してもらい、必要な信任状と中国への贈り物を手に入れることになった。

一方、ペレイラはスンダ（西ジャワ）に行って、航海の費用と中国に滞在する経費を捻出するために、相当な量の胡椒を買いつけることにした。そして二人は、一五五二年五月末の再会を約束してマラッカで別れた。

マラッカをたったフランシスコは、途中コーチンに立ち寄り、同地で新任の総督ノロニャに会った。総督は、フランシスコの中国渡航の計画を聞いて賛成し、また、ペレイラをその使節に任命することにも喜んで承諾を与えた。

コーチンからゴアへ

インドのゴアでは、フランシスコはゴアの院長であったポルトガル人のアントニオ＝デ＝ゴメス神父と会った。彼とは宣教の方針について大きな意見の食い違いがあったが、その解決策として「今よりはもっと慰めを得るために」(書簡第九三)、「坂東か都」すなわち日本の大学へ行くことを勧めたが承知しなかったので、ついに退会させなければならなかった。

フランシスコは二カ月間ゴアにとどまり、管区長としてインドのイエズス会の内的・外的な発展と宣教問題に力を注ぎ、さらに留守の間に生じた諸問題を迅速に処理した。そして中国渡航の随行者として、バルタザル＝ガーゴとアルヴァロ＝フェレイラ、それに中国人のアントニオを選び、準備をはじめたのである。

出発が迫った四月上旬に、フランシスコはリスボンにいるシモン＝ロドリゲス、ポルトガル国王ジョアン三世、およびローマのイグナチオに手紙を書き、管区長としての職務のこと、まもなく中国へ向かうことと、数々の困難を予想しながらも日本のキリスト教発展によせて大きな希望を抱いている気持ちを伝えた。

イグナチオへの手紙では、中国から陸路でエルサレムへ旅するという次なる計画を述べ、あたかも一八年前、イグナチオと同志が抱いていたエルサレム巡礼の計画がふたたびよみがえったようであった。

また、手紙の終わりには、「大いなる流謫における……フランシスコ」と署名し、イグナチオとの再会の希望を切々と伝えている（イグナチオは、フランシスコの亡くなったのも知らずに、一五五三年六月にフランシスコに一度インドからヨーロッパへ帰るように命令していた）。

出帆前にフランシスコは聖パウロ学院の聖堂で、イエズス会士のために毎晩のように霊的訓話をした。彼は聖なる召命への忠実、聖性への励み、福音宣教の使命について誠意と熱情をもって述べ、兄弟たちの心に出会いの火をともした。日本の宣教についても重ねて言及し、日本におけるキリスト教の大きな発展の希望を語りつづけた。

ふたたびマラッカへ

四月一四日、聖木曜日の典礼祭儀をすませたフランシスコは、同志とともに聖パウロ学院をあとにし、港で待っていた船に赴いた。連れだった同志には日本へ行く者と中国へ行く者がいた。

日本に向かうドアルテ＝ダ＝シルヴァとペドロ＝デ＝アルカソヴァ両修道士は山口で日本語を勉

強して、あとから日本の学校へ派遣されるイエズス会司祭の通訳をすることになっていた。ゴアで洗礼を受けた豊後の領主の使節であるロレンソ、および日本人のアントニオとジョアンにとって、それは帰国の旅であった。

中国へ向かうのはフランシスコのほかに修学修士のアルヴァロ＝フェレイラ、聖パウロ学院で長年勉強していた中国人のアントニオとマラバル人の侍者クリストヴァンであった。以前、フランシスコから日本に呼ばれたことのあるバルタザル＝ガーゴも中国へ行く命令を受けた（しかしフランシスコはマラッカでその計画を変更して、彼を新たに日本へ派遣した）。

フランシスコはディオゴ＝ペレイラの中国使節任命書と、中国の皇帝宛てのインドの副王およびゴアの司教の羊皮紙に認（したた）められた美しい紹介状と、五〇〇〇クルザドスも費やしてガスパル＝バルゼオが用意した贈り物を携え、ふたたびマラッカへ向かったのであった。

一三 障害を越えて

マラッカには五月三一日に到着した。当時マラッカでは疫病が流行していたが、フランシスコは到着すると、毎日多くの病人を見舞って手厚く看護した。まもなく中国に向かう船サンタ＝クルス号が出発するはずで、フランシスコも自分の荷物を積み込もうとしていた。しかし、突如としてマラッカの司令官アルヴァロ＝デ＝アタイデが、日本の船隊の進出を理由に船の出航を阻止した。

マラッカ司令官の横槍

アルヴァロ＝デ＝アタイデは、以前に、フランシスコに協力してくれたマラッカ司令官ペドロ＝ダ＝シルヴァの弟で、ゴアの副王から海（港）の司令官に任命され、港についての支配権を握っていた。彼は、一介の商人であるペレイラがポルトガル国王の使節に任命されたことを妬んでこれに激しく反対し、サンタ＝クルス号の舵を没収してしまったのである。フランシスコとペレイラの希望は、瞬時に阻まれてしまった。

フランシスコは主だった人々の力を借りて、アルヴァロ＝デ＝アタイデの心をやわらげようとしたが効果はなかった。フランシスコはローマ教皇の使節でもあり、インド艦隊がリスボンを出発する数週間前に、「ガンジス河の両岸の地方と大海の諸島」の教皇使節に任命する教皇教書がローマから届いていた。その教皇使節の活動を妨げる者は破門されることになると忠告したが、司令官の態度は変わらず、あらゆる努力も失敗に終わった。

そのうえ、彼の配下の者までがフランシスコを公に辱めるようなことまでした。ガスパル＝バルゼオ神父宛ての六月二五日付の手紙でフランシスコは、「私はあなたが考えもおよばないほどの迫害をマラッカで受けました」（書簡第一二五）と心の痛みを伝えている。

この間、六月の初めに、サンタ－クルス号がマラッカに着いてから数日後に、一隻の船で二人の修練者と最初は中国行きに予定されていたガーゴが日本に向けて出発した。フランシスコは、ガーゴという中国渡航のための協力者を失ったが、日本の教会は大きな援助者を得た。日本に到着したガーゴは、宣教活動はもちろんのことだが、フランシスコの残したドチリナの改訂などのためにも労を尽くすことになる。

六月の終わりになって、テルナテの前長官だったベルナルド＝デ＝ソウザが仲介に入った。その結果、アルヴァロ＝デ＝アタイデは若干の譲歩をした。サンタ－クルス号はフランシスコを乗せて中国へ行ってもよいが、ペレイラを使節として乗船することは認めず、船長も乗組員もアルヴァロ＝デ＝アタイデが選ぶというものであった。

困難のなか中国へ出発

こうして中国への使節派遣の計画は崩れてしまった。しかし、フランシスコの中国入国への決意はひとりになっても揺るぐことがなかった。「途方もなく激しく圧迫され、生きる望みさえ失ってしまうほど」（二コリント一・八）であった聖パウロでさえ、「すべてをこらえ、すべてを信じ、すべてを望み、すべてを耐え忍んだ」（一コリント一三・七）のである。

この言葉は、フランシスコにもあてはまった。「何よりも大切なことは、このような嘆きのとき、神から力をいただくために、できる限り神に近づく」（書簡第一二九）ことであった。フランシスコは、あらゆる人間の助力を奪われてもなおただ神を信頼して中国に入ろうとしていた。フランシスコはこの固い決意のもとに、イエズス会士アルヴァロ＝フェレイラ、中国人アントニオ、マラバル人クリストヴァンを連れ、七月一七日にサンタ‐クルス号で中国へと旅立った。船は四日後にシンガポールに着き、二日間そこに停泊した。

シンガポールからの手紙

フランシスコはそこからインドの管区長代理に二通の手紙を送った。アルヴァロ＝デ＝アタイデが破門されていることをゴアの司教に公布するよう、バルゼオの斡旋を頼んだ。

それは教皇使節の活動が国家の官吏によってふたたび妨害されないためであった。そしてまた日本の宣教を助けるために新たに数々の具体的指針を伝えた。またモルッカのジョアン＝デ＝ベイラには励ましの、ゴアに残って翌年日本へ行くイエズス会士の世話を引き受けた日本人ジョアンには心のこもった手紙を送った。また、忠実な友であり、協力者であったディオゴ＝ペレイラには深い感謝と慰めの文を書き送った。

*

七月二三日、サンタ＝クルス号は広東港に近い上川島への航海を続けた。航海は順調だったが、船には病人が多く、特にアルヴァロ＝フェレイラと中国人アントニオは、長い期間病床につかなければならなかった。フランシスコはここでも献身的に彼らを看病したのである。

一四　中国入国への強い意志

ふたたび上川島に上陸

九月末、サンタ＝クルス号は上川島の港に到着した。上陸したフランシスコは多くのポルトガル商人たちに歓迎された。毎年、ポルトガル人は南からのモンスーンにのって八月の終わりごろ上川島に着き、広東地方からきた中国人と密貿易をしていたのである。

中国の瀬戸物と絹、ポルトガル人が運ぶ胡椒と丁子などが主な取り引きの品であった。ポルトガル人は海岸に筵（むしろ）でつくった小屋を建て、大陸からの寒風が吹きはじめる一一月半ばごろまでには取り引きをすませ、小屋を焼いてマラッカやインドへ帰るのが常であった。ポルトガル商人のなかに、三年前マラッカでパウロと他の二人の日本人をフランシスコに紹介したジョルジュ＝アルヴァレスがいた。彼はフランシスコと三人の同伴者を自分の小屋に迎え、世話をすることを申し出たが、商人たちは丘の上に筵で小さな仮聖堂をつくり、フランシスコは九月四日の日曜日にこの島での最初のミサを捧げた。その後はこの島で説教し、教理を教え、洗礼を授け、その他病人を見舞い、島の人々を助けた。

中国入国への執念

しかし、そのように活動のなかでも、フランシスコは中国本土へ渡る方法を常に探し求めていた。彼はまずジョルジュ＝アルヴァレスや他のポルトガル商人を通して、彼らの知り合いの中国人の助力を頼んだが、引き受けてくれる者はいなかった。利益が見込まれないことに対しては、だれも船を出してはくれないのである。中国皇帝の厳重な入国禁止令、違反者への重い罰を恐れたためである。そこでフランシスコはペドロ＝ロペスというポルトガル人の通訳を介して、自ら中国の商人と交渉をはじめた。長年ゴアで過ごした中国人のアントニオには、通訳する力がなかったのである。フランシスコは中国人たちと自然科学、哲学、宗教について論議しながら中国訪問の計画を打ち明け、協力を願った。しかしポルトガル国王の公式な使節でもない限り、実現は不可能であるという答えであった。

フランシスコはなおも屈することなく、最悪の場合は回り道をしてでも中国へ入る計画を練った。友人のディオゴ＝ヴァス＝デ＝アラゴンがシャムへ行こうとしていたのでともにそこへ渡り、翌年にはシャム国慣例の使節団に加わって中国の皇帝のところへ赴くという考えであった。しかし、フランシスコは病に伏してしまい、この計画は実を結ばなかった。

しかしながら、実現の兆しがついに見えてきたのである。中国の獄につながれていて逃走に成功したマヌエル＝デ＝シャヴェスが、フランシスコを広東へひそかに渡らせてくれる中国人を紹介してくれたのである。ペドロ゠ロペスが通訳として同行することになり、一〇月下旬になるとフランシスコにはかすかな光がさしてきたように思えた。むろん、彼もこの計画の危険性を承知していたが、神への揺るぎない信頼をもって、いかなる犠牲を払っても計画の実行に踏み出そうと決意した。一〇月二二日付でマラッカのフランシスコ゠ペレス神父に宛てた手紙のなかで、フランシスコは中国本土に入る危険性を説明した後、自らの決心を伝えながら、宣教者としての心構えを述べている。自分の後に続く、最も信頼している同志への遺訓ともいうべきものである。

　第一の危険は、私たちが神の御憐れみに対して、信頼と希望を持たなくなることだ。これは、神がよくご存じのとおり、私たちは、神への愛と奉仕とのために、その聖教を広げるため、かつその御独子にして我らの救い主であり、主たるイエズス゠キリストの御事を伝えるために行く者だからである。神ご自身が、その御憐れみによって、私たちに、この聖なる望みをお与えになった。したがって、その奉仕の途上において、危険に遭遇したからというので、神の御憐憫や全能に対する信頼を失うことがあれば、その危険は、神の敵がことごとく一つになって、私たちに加えることのできる危険よりも、さらに大である。神のより大いなる奉仕になることであるならば、そしてそれが神の思し召しならば、神は私たちをこの世における危険から守ってくださるであろう。……

私たちを勇気づけるのは、主の聖言である。曰く、「この世において自分の命を愛する者はそれを失い、神のために生命を失う人は、それを得るであろう」（マタイ一〇・三九、一六・二五、マルコ八・三五、ルカ九・二四、一七・三三、ヨハネ一二・二五）……「手に犂（すき）をつけてなお後ろを顧みる人は、神の国にふさわしくない」（ルカ九・六二）（書簡第一三一）。

また、忠実な友人であり、恩人であるディオゴ＝ペレイラへの手紙では、彼のたゆまざる寛大な援助に対して厚く感謝の意を表し、神の報いを祈ったと記している。

ゴアの聖パウロ学院の院長および管区長代理ガスパル＝バルゼオへの手紙では、インド、日本、モルッカ諸島の宣教についてさまざまなことを定め、以前彼に与えた五つの指針への従順を求めるとともに、万難を排して中国へ入る強い意志を伝えた。

一一月になると、ポルトガル人たちは徐々に上川島を去ってマラッカやインドへ戻っていった。中国から逃げてきたマヌエル＝デ＝シャヴェスも彼らとともに帰ったが、中国で経験したこと、広東で投獄されたポルトガル人の苦しみについて詳しく話した。その話を聞いてイエズス会士アルヴァロ＝フェレイラはまったく勇気を失い、フランシスコに同行することを拒んだ。フランシスコは、このことによってイエズス会に適した人物ではないと判断し、彼を退会させた。通訳のペドロ＝ロペスも恐れてフランシスコから離れていった。フランシスコのもとにはアントニオとクリストヴァンが残るだけとなったが、「十字架の苦難を恐れて逃げ出した結果の自由の身であるよりも、ただ神への愛のために虜囚の身となるほうが、遥かによいという考えが私たちを慰めてくれる」（書簡第一三五）と、その決意は変わらなかった。

ポルトガル人の大部分が引き揚げたあとの一一月一九日に、広東の商人がフランシスコと同伴者を迎えることになった。フランシスコは約束していた報酬の胡椒を、二〇〇クルザドスから三五〇クルザドスに増やした。

最後の手紙

一一月一三日に、フランシスコは最後の手紙を認め、船出するポルトガル人に託した。この手紙のなかには、「生きていることを念願した時代はすでに過ぎ去った」（書簡第一三七）の一文が見られるが、事実、それから一九日後にフランシスコはこの世を去ったのである。

同じ日、上川島のポルトガル人は、それまで住んでいた小屋を焼き払い、フランシスコの最後の手紙と、退会させられたフェレイラとを乗せて、マラッカをめざして島を去った。

一五　志なかばの死

待ち人来らず

上川島にはフランシスコをマラッカから乗せてきたサンタ－クルス号と、シャムに向かう予定のディオゴ＝ヴァス＝デ＝アラゴンのジャンクだけが残っていた。フランシスコたちの世話をしていたジョルジュ＝アルヴァレスもひそかに島を去った。クリストヴァンもフランシスコのそばを離れ、フランシスコと彼の連れのアントニオだけになっていた。二人は北からの寒風にふるえ、食糧の不足に苦しんだ。アントニオはフランシスコに頼まれてポルトガル船へパンをもらいにいったが、彼らの食糧も十分ではなかった。フランシスコは約束の広東商人の到着を確信し、上川島の丘の上から船のくるのを心待ちにした。しかし、約束の一一月一九日になっても船はあらわれず、翌日もまた同じであった。

一一月二一日の月曜日の朝、フランシスコはミサを捧げたあとに熱を出し、ついに病に倒れた。サンタ－クルス号のほうがよく静養できるように思われたので、彼は小船でそこへ赴いたが、船の揺れが病状を一層悪くし、翌日ふたたびアントニオのもとへ帰ってきた。

病状の悪化そして臨終

ディオゴ＝ヴァス＝デ＝アラゴンは高熱に苦しむフランシスコに深く同情し、自分の小屋に連れてきて看病しようとした。しかし、瀉血やその他の治療も効果がなく、そのうえ食欲もなくなって病状は悪化の一途をたどった。病めるフランシスコは、アントニオが小屋にかけた十字架を見ながら、すべてを主にゆだね、忍耐をもって不断に祈りつづけた。

かたわらにいたアントニオは、「ダビデの子イエズスよ、私を憐れみたまえ」(Jesus, fili David, miserere mei)、「聖母マリアよ、我を思いたまえ」という、フランシスコがたびたび口にしていた祈りを聞いた。病に伏して二週間目の月曜日の朝から、フランシスコは意識を失った。三日後に意識が戻り、つぶやくような祈り、特に三位一体の神への祈りが病人の口から流れつづけた。臨終が迫ったとき、アントニオは蠟燭をともして病人に握らせた。

一二月三日土曜日の早朝、フランシスコ＝ザビエルは主イエズスの名を呼びながら息絶えた。四十六歳と八カ月であった。

アントニオは浜の小屋にいたポルトガル人にフランシスコの死を知らせ、サンタ‐クルス号から祭服など必要なものを取り寄せ、すぐに埋葬の準備をはじめた。ディオゴ＝ヴァス＝デ＝アラゴンがつくらせた木製の柩に、祭服をまとったフランシスコの遺骸は納められた。その面持ちには死の影もなく、眠っているようであった。一二月四日の日曜日、アントニオと他の三人は上川島の北岸の丘の上に深い墓を掘って死者を埋葬した。柩の中には腐敗を早めるために石灰四袋を入れた。後にインドへ遺骨を持っていくときに都合のよいようにしたつもりであった。アントニオは墓の上に目印になるようにたくさんの石を並べた。

孤独な死

貧しいキリスト、十字架の死に至るまでへりくだったキリスト（フィリピ二・八）の忠実な下僕（しもべ）にふさわしいフランシスコ＝ザビエルの最後であった。彼が一五二五年八月のある朝に故郷ハビエル城を出立してから、ヨーロッパとアジアのすべての地で奉献と一致をめざして歩みつづけたキリストへの道のりは、神の摂理に導かれてこの終局を迎えたのである。人間的な成功や賞賛にも飾られず、充実感や満たされた思いのない孤独な死、それはまさにキリストご自身の十字架の死に似るものであった。中国への入国を目前にしながら、大陸を望む海岸で死を迎え、フランシスコが最後に力をふりしぼって捧げた「ダビデの子イエズスよ、私を憐れみたまえ」の祈りをもって、イエズスは生涯を神に向かって歩んできたフランシスコの労苦、悩み、迫害、その他すべての苦しみを自分のものとされ、フランシスコには、もはや何人も傷つけることも奪うこともできないキリストとの一致の恵みを与えられた。

フランシスコの死をみとったアントニオは、二年後に、ゴアにいたイエズス会士のマヌエル＝テイシェイラにその最後の様子についての詳しい報告を送った。

フランシスコが日本からゴアに帰ったとき、聖パウロ学院のイエズス会士は二九人になっていた。ほとんどが初めて会う人たちである。そのひとりである一六歳のテイシェイラは、後年に修練長を務め、フランシスコの伝記(Manuel Teixeira, *Annotações nas cousas da Vida do P. Mestre Francisco que se hão de emendar no Livro dellas que foy pera Roma no anno de 1580*, ed. by Wicki in *Boletim do Instituto Vasco da Gama* 69/1952）を初めて書いたが、このアントニオの報告はそこに今も伝えられている。

遺骸をマラッカに移送

翌年二月中旬にサンタ－クルス号はマラッカへ帰る予定であった。出航前アントニオがフランシスコの遺骨を持っていってくれるように願ったので、船長が墓を掘って柩を開いてみると、フランシスコの遺骸は腐敗の気配もなく、埋葬されたときと同じ姿を保っていた。船長も話を聞いたディオゴ＝ヴァス＝デ＝アラゴンも驚嘆して、遺骸をそのままマラッカに運ぶことにした。

船は一五五三年二月一七日上川島から出航し、三月二二日マラッカに着いた。

八カ月前、心を痛めながらこの地マラッカを去ったフランシスコは、今心からの歓迎をもって迎えられた。聖職者も市民も揃って大行列をなし、「聖なるパアデレ」フランシスコの遺骸を彼に縁の深かった丘の上の聖母教会へと運び、安置した。祭儀が終わってから、聖なる遺骸は祭壇のそばに掘られた墓に柩なしで納められた。

マラッカからゴアへ

同年の夏、聖母マリア被昇天の祝日に、インドからきたイエズス会士ジョアン＝デ＝ベイラがディオゴ＝ペレイラとともにひそかに墓をあけて遺骸を見てみると、暑さにもかかわらず腐敗のあとが見られず、まったく前と同じ状態であった。聖なる遺骸はゴアへ送られることになり、ペレイラは恩師の遺骸を新しい柩に納めた。一二月に遺骸を乗せた船は出帆し、翌年三月上旬にコーチンに着いた。インドのイエズス会士は副王から送られた快速船フスタで遺骸を迎えた。管区長代理ガスパル＝バルゼオも半年前に帰天していたので、その後継者メルキオール＝ヌネス＝バレットが先頭に立って、会士たちは「聖なるパアデレ」フランシスコの上に神がもたらした恵みを賛美し、祈りと聖歌を捧げながら遺骸をゴアに運んだ。

一五五四年三月一六日、枝の主日の前の金曜日、インド駐在のポルトガル副王をはじめとするゴアの多くの人々は、感動と畏敬の念をもってフランシスコ＝ザビエルの遺骸を聖パウロ学院の教会に迎えるとともに、三日間教会に安置された遺骸に祈りを捧げた。人々の列はとぎれることなく続き、この「東洋の使徒」に対する感謝の意を表した。葬儀が終了したあと、遺骸は同教会内につくられた墓に埋葬された。

＊

フランシスコ＝ザビエルは、一六一九年一〇月二五日に教皇パウロ五世によって列福され、三年後の一六二二年三月一二日、教皇グレゴリウス一五世によってイグナチオ＝デ＝ロヨラとともに列聖された。

ゴアに壮大なボン‐ジェズ教会が完成した後、フランシスコの遺骸はそこに移され、銀製の棺に納められて現在に至っている。時代の移り変わりにともない、特に一九六一年一二月一八日のインド軍によるポルトガル領ゴアへの侵入以来、かつてのゴアの面影は消え去ったが、今なお聖フランシスコ＝ザビエルの遺骸の眠る聖地として人々の崇敬を集めている。

フランシスコの聖なる右腕は一六一四年にローマへ送られ、イエズス会のジェズ教会の右側の脇祭壇に安置されている。そして、一九四九年のフランシスコ＝ザビエルの渡来四〇〇周年を記念して、この聖腕は二カ月半の間、日本に送られて各地で公開され、人々の尊敬の念を集めた。あたかもフランシスコが四〇〇年前に実現できなかった二度目の日本訪問を果たし、戦後の日本を新しい時代へ導いているかのように思われた。

ゴアにあるフランシスコの墓所

アジアの福音宣教において、フランシスコは、広い順応の方針を示した。日本独自の文化の伝統を尊重し、キリシタンたちにあえてヨーロッパ的な要素を押しつけようとはしなかった。

それは、十二使徒を派遣するにあたって、個人個人の自由を尊重し、決して信仰を強要してはならないというキリストの勧告（ルカ六・七―一三ほか）の実践でもあった。福音を広く伝えるにあたっての宣教師の先達として、時代と文化を越えた果てしない全世界に向かって、「すべての人に対してすべてとなった」（一コリント九・二二）キリストにならった使徒聖パウロの熱誠を継ぐものであるといえるだろう。

教会も聖フランシスコを「東洋の使徒」（ベネディクトゥス一四世）、「布教の保護者」（ピウス一〇世）、「旅する者の守護者」（ピウス一二世）、「すべての宣教者の保護者」（ヨハネ＝パウロ二世）と呼んで、今もその生き生きとした「いのち」を伝えている。

II

フランシスコ＝ザビエルの志を継いで

一 「すべての民に」

フランシスコは神のみ許に召された。それは寂しい死であった。わずか二年余の日本での活動のほとんどは挫折に終わったかにみえる。そして困難にもめげず、さらに日本へ大きな影響を与えるためにめざした中国大陸を目前にしながら、友にみとられることもなく、道なかばに迎えた最期であった。

最後のころの手紙のなかには、ゲツセマネのキリストにも似た心細さが綴られている。しかし、すべてをみ旨のままに受け入れ、自らを神にゆだねた。このような死は終わりではなく、もはやなにものも傷つけることも奪うこともできないキリストとの一致であり、キリストに倣って生きる者の完成である。

フランシスコが志したもの

フランシスコの生涯は、個人的な名声や成功として称えられるものだけではなく、死を越えた魂の結びのなかにその志を継ぐイエズス会士、また、出会った日本とそこに生きる人々にキリストの生命として生き続けるのである。

フランシスコの志したものは、「すべての民に」というキリストの最後のメッセージの実現であった。神が、「そのためにすべてにおいてすべてになる」（一コリント一五・二八）キリストとして人類の歴史のなかに生まれなければならなかったからである。

宗教性とは

ひるがえって人間そのものの歴史から考えてみると、人間が人間としての自覚に目覚めたのは恵まれた風土のなかではなく、むしろ厳しい自然との対峙においてであったと思われる。何の潤いも、生命の片鱗さえ許さない巨大な自然、その自然の前に人間は自らの死しか見ることのできない、小さくて弱い存在でしかなかった。しかもわずかな草と水を求めて互いに殺し合う自らの残酷さに直面したときに、はじめて己とは、人間とは何かと問いかけたであろう。そして弱く醜いものであるにもかかわらず、自然の持っていない精神性こそが人間の本質であると自覚したに違いない。その人格性は真理を追求してやまぬ知性、感覚的本能に支配されず、善をあえて選択する自由意思、美への限りない憧れであり、人類はそれを親から子へ伝統として継承し、文化として築き上げるものであった。

その弱さ、みにくさからあるべき本来の姿に目覚めた人間は、その根源を自然を越えた、超越的人格、神であると認識する。本来、人は神と存在的に結ばれたものであったが、人間が自覚したことによって生きた出会いとなり、人格の結びとなる。それが宗教性である。宗教、Religio とは、再び Re 結ぶ Ligo であり、人間の自覚によって存在的結びが生きた出会いになるというのがその語源と言われる。外に向かった人類が厳しい自然、すなわち、荒れる河を治め、Colo 耕し、定住し、協力して社会を営み、Cultura 耕されたもの、文化、文明を築いた。同時に人はその内面に人間の尊厳の深い意識を宗教として育んだ。

その歴史上、最も古く指導的な役割を果たした宗教の一つがユダヤ教である。

「選ばれた民」と「すべての民」

ユダヤ教は旧約聖書の預言者の教えに基づき、メシアを望む永続的伝統であり、その十戒は人類の道徳と社会生活に大きな影響を与えたが、それを継承するものはアブラハムの子孫、選ばれた民、ユダヤ民族であった。しかし、選ばれたというすばらしい恩恵は、より深めて他の人々と分かち合うべきものであるのに、自らの優位が他を見くだすという思い上がりに陥るのも人の常と言わなければならない。

それを越えたのがキリストの「往きてすべての民に」というメッセージである。すべてにということは、ある特別のものだけにという独善性や排他性ではなく、愛の広さと豊かさを意味している。愛そのものである神が、愛のために人となり、友のために生命を与えるよりも大きな愛はないと、十字架の死にいたるまで与えつくされたのがキリストであった。そしてその生き方に習う人々がChristian キリストに似る者、キリスト者なのである。

キリスト教は、ユダヤ教の強い宗教性を旧約聖書として尊重しながら、ユダヤだけにとどまらない新約の「すべての民に」をキリストのヴィジョンとして歴史のなかに実を結んでいく。

まず、ギリシャのすぐれた学問や芸術と出会った。さらに厳しい迫害にもかかわらず、かえってローマの政治・軍事的総合力を文化と精神の普遍性 Catholicitas として組み込み、古典古代のキリスト教文化として開花し、ローマは永遠の都となった。さらに、ゲルマンの活力ある諸民族のなかにキリスト教的ヨーロッパが形成され、多様性を生かしつつ、キリスト教を原点とする西欧性へと発展していったのである。

「すべての民に」とは、上からの画一的な支配ではない。異質なものを自らに反するものとして排斥するのではなく、自分の持っていないものを持つものとして認め、それを生かし、しかも自らをも棄てることなく、それぞれが独自性を伸ばしながら、具体性を越えた最も深い出会いによって結ばれることを意味する。

その結びは最も人間的であると同時に、人間の限界を超える深く豊かな人格、すなわち、キリストそのものの生命であるといえよう。

二　キリスト教を原点とした出会い

ヨーロッパと日本の出会い

フランシスコの時代、この「すべての民に」というキリストのメッセージは大航海時代というヨーロッパの海外進出に重ねられ、「香料と霊魂を求めて」というモットーとして掲げられた。ヨーロッパの国々は発見、進出、征服、支配、植民化によるグローバルな拡大こそ、人類の画期的発展と称賛した。

ヨーロッパが発見した地域には古くはアステカ、インカ、マヤなど優れた文化を持った地域もあったが、この時代、対等に出会えるほどの国家や文化の形態をなしていなかった。ローマ教皇があえてヨーロッパ以外にも人間が住んでいるという教書を発布しなければならないほどであった。したがって、初めは善意であったにせよ、まだ原始的な生活を送る原住民にヨーロッパの優れたものを与え、教え、少しでもヨーロッパのレベルに近づけることがその人々の進歩向上と考えた。それはヨーロッパ優位の視点から、未開発なものに与え、支配する同質の拡大、力の論理である。それはキリストの「すべての民に」という出会いにおいて異質なものを認め、生かすヴィジョンとはかけ離れた、人間の支配欲や利権にゆがめられるものとなる。

しかし、前にも述べたように、ヨーロッパと日本の出会いは、この大航海時代の植民化とはいささか様相を異にするものであった。ローマ教皇から東回りの保護権を与えられたポルトガルは、先に海外進出の道を開きながら、国力の弱さもあって進出した地域の全土を征服支配するのではなく、港を建設して産物をヨーロッパに運んで巨大な富を獲得する貿易型の進出であった。また、コロンブスが二カ月半で大西洋を横断したのに比べ、アフリカを回り、インド洋、東シナ海を渡って日本に到達するまでには、二年から二年半を要した。したがって、ポルトガルは軍隊を送って征服し、総督を送って政治的に支配することは物理的にも不可能であった。さらに、日本はヨーロッパの求める香辛料を産出する国でもなく、最果ての地から台風と海賊で積み荷の半分が失われるような永い航海は、経済的にもまったく利潤が得られないものであった。

原点での出会い

フランシスコの志（こころざし）は、政治的、軍事的支配や利益に傾いた進出にさまたげられない、キリストの「すべての民に」という原点での出会いであった。それは、フランシスコ自身が創立にかかわったイエズス会の掲げる Magis「より大いなる」でもある。イエズス会は福音宣教の地、特に、キリスト教そのものをまったく知らない、新たに出会う人々にその社会・文化・伝統のなかでいかに適応させ、生かしていくかということを最も大切な課題とした。これに関してイグナチオは次のように明確な指針を示している。

聖フランシスコ＝ザビエルの書簡
オラシオ＝トルセリーノ編

「時、場所、人およびこれに類する他の要素の状況を十分に考慮しなければならない」（『イエズス会会憲』三五一）

キリスト教が切り離された宗教性として、隠遁的に人々や社会に背を向けさせるものであってはならない。人間形成の中心にキリストのまねびと一致が生かされ、自分自身との出会いによって自立的人格を育成し、それが出会う人格への愛と奉仕となる。これが、「すべてに」という福音宣教の原理である。

フランシスコはこれを「汝等世界を巡り諸の御作のものにエワンセリヨを広めらるべし」（マルコ一六・一五）と、「いかに人、遍界（全世界）をたな心（掌）に握るといふとも、其身のあにまをうしなわば何の益ぞ」（マタイ一六・二六）というわかりやすい二つの福音の句をもって示した。

日本人の印象と特質

植民化ではなく、キリスト教を原点としたヨーロッパの日本への志向において、フランシスコの日本把握・理解・評価については、一五四九年（天文一八）、鹿児島に上陸してまもなくヨーロッパの会友に書き送った書簡を先に紹介した。フランシスコたちを日本に運んでくれた船は、約二カ月半後の一一月五日に鹿児島を出帆した。フランシスコはその帰航を利用して、同じ日付の書簡を四通認めた。その四通のうち、フランシスコの遺した書簡で最も長文であることと、貴重な史料ゆえに「マグナ－カルタ」（大書簡）と呼ばれる書簡のなかで、フランシスコは、わずか二カ月半の滞在を通して感じとった日本人の印象と特質のことを鋭く洞察していたことがうかがえる。

日本人の特質を、自分が遭遇した国民のなかでは一番傑出しており、良い素質を有し、貧しいが名誉を大切にし、生活に節度があり、理性的な話を喜んで聞くと評価している。同時に、都の五山や坂東の足利学校など多数の学生を要する諸大学のことを報告し、これらの大学を舞台に活躍する計画を立てていた。

また、教育機関の設立が当初からの念願であったことは、山口に、日本語の修得と各宗旨の研究をするイエズス会の家を建てようとしたことからもうかがえる。さらに日本の諸事情、とくに宣教活動のなかでの学校教育を考慮したうえで、「深い経験と、内的な自己認識のできた、さらに日本人から出される無数の質問に答えるための学識を有し、加えて万般の自然現象のことも知っている人物」の派遣をイグナチオに要請している。

この「場」を越えた変わらぬものを、異なるそれぞれの「場」に生かすイグナチオの指針を受けて、フランシスコが極東の地〈日本〉という「場」で実を結ばせようとしたもの、その一つが、イエズス会のコレジヨ（学院）であるといえよう。

日本が求めたものは

一方、日本がヨーロッパへ求めたものは、戦国末期の社会事情もあり、目先の変化に左右され、統一性を欠いたものであった。群雄割拠・下剋上の戦乱の世においては、地方によって、あるいは領主の方針によって、キリスト教宣教師に求めたものも決して同じではなかった。

しかしながら、総じて武器の買いつけであり、貿易による利益であって、キリスト教を中心とするヨーロッパ文化については、あくまでも自己の目的達成への手段にすぎなかったといえる。したがって、ヨーロッパ側の日本理解にも大きな変化が生じている。

例えば、フランシスコの三代目の後継者、フランシスコ＝カブラル（Francisco Cabral, 1533-1609）の対日見解はきわめて厳しい。彼は次のように述べている。

私は日本人ほど傲慢、貪欲、不安定で偽装的な国民を見たことがない。……日本人のもとでは、誰にも胸中を打ち明けず読みとられぬようにすることは名誉なこと、賢明なこととみなされている。彼らは子供のときからそのように奨励され、打ち明けず、偽善的であるように教育されるのである。彼ら土着民が、……我らを見さげたことは一再にとどまらない。日本人を修道士として受け入れるなら、研学を終えてヨーロッパ人と同じ知識を持つようになると、何をするであろうか。日本では、仏僧でさえも二〇年もその弟子に秘義を明かさないではないか。彼らは一度知るならば、上長や教師を眼中におくことなく独立するのである。日本人は悪徳に耽っており、かつまたそのように育てられている。……日本で宗門に入る者は、通常世間では生計が立たぬ者であり、生計が立つ者が修道士になることは考えられない（一五九六年一二月一〇日付、ジョアン＝アルヴァレス宛て書簡）。

カブラルは、日本の政治は野蛮であり、国民は偽善的であり、領主たちは打算的でキリスト教やイエズス会士を南蛮貿易に関連してしか考えていない、というのである。

宣教師たちの地道な努力

キリスト教を原点にヨーロッパの文化全体として志向したイエズス会宣教師と、政治・経済的な面への偏向した日本人との出会いは、大きな格差があったにせよ、宣教師たちはフランシスコの「都に大学を、そしてヨーロッパのヒューマニズムと文化を伝える」という夢の実現へと努力を続けた。フランシスコが宣教を開始してから三〇年近くが経過して、キリシタンの数も約一〇万人を数え、苦難に満ちた暗中模索の時代はようやく終わりを告げ、地道な努力が徐々に根づきはじめていた。

天下も織田信長の上洛によって、一応は統一の方向に向けて動きはじめた。そして、都の宣教を切り開いたルイス＝フロイスは信長の知遇を得るようになっていた。フランシスコ以来の宣教報告も続々とヨーロッパに送り届けられ、印刷され、多くの人の目に触れることになった。

一五七九年（天正七）、リバデネイラが、「極めて遠く遠大な地方」と呼んだ東インドの偉大な巡察師アレッサンドロ＝ヴァリニャーノ（Alessandro Valignano, 1538-1605）が、島原半島の有馬領口之津に上陸し、日本での第一歩を歩みはじめた。

偉大な巡察師

ヴァリニャーノ研究の権威シュッテ師が、ヴァリニャーノの人となりを「フランシスコ＝ザビエルに見るような行動と思索の一致を理想とし」（Josef F. Schütte, *Valignanos Missionsgrundsätze für Japan*, I Band, I Teil, 48）と伝えているように、日本の教会は、フランシスコの理想と精神を受けて、それを実現させるためにはまことにふさわしい人物を得たということになったのである。

ヴァリニャーノも、「日本人は、私が歩んだ他のいかなる土地におけるいかなる人々よりも、神との出会いを得るに適した人々である」（*Sumario de las cosas de Japon*, Cap. 6）と、フランシスコと同じような評価を下している。

ふたたび見ることのないヨーロッパ大陸をあとにして喜望峰を回り、東南アフリカのモサンビークに到着したヴァリニャーノは、ここで、日本布教長カブラルがヨーロッパの友人に宛てたきわめて悲観的な書簡を見て、少なからぬ衝撃を受けた。次いでインドでも、マラッカやマカオでも、同じような報告を目にした。

しかし、日本における宣教の重要性を考え合わせ、決して希望を失うことはなかった。むろん、日本に多くの問題点があることや、日本人の欠点についても十分に認識していた。しかし、それさえも率直な深い出会いのなかであらためるとともに伸ばすことができるのは、若い人々に開かれた、知的な面だけではない人格を育む教育の場にあると確信した。

こうしてフランシスコの夢は、帰天後一〇年ぐらいたった早い時期から、まかれた種が少しずつ芽吹きはじめていた。それは、全国各地に設けられた教会での親しい家族的な雰囲気から生まれていた。まず、日本語の読み書き、作法、ローマ字、音楽、それにカテキスモ（教理問答書）といった初等教育ともいうべきものが教えられた。昼間は子供たちに、そして夜は大人たちにと、階層を問わずに女子をも含んだすべての人たちに開かれており、その数は一五八二年（天正一〇）には全国で二〇〇におよぶほどであった。

教育機関の設立と人材の育成

日本には、律令以来の大学寮をはじめ、足利学校、五山など、高い水準の学問・教育施設が存在していたことは事実である。しかし、学問とよばれるものの領域は、訓古・文藻と教学に限られており、特に後に「道」と名づけられて発展を遂げる教育については、家元的秘伝性・閉鎖性をその特色とした。そこには、言葉によって表すことのできない、体験了解と全人的把握という深さと勘があったが、すべての人に門戸を開き、能力に応じて各人の可能性を伸ばす制度や理論体系には欠けていた。

ヴァリニャーノは、この一般に開かれた啓蒙的な初等教育のうえにより高度な学問と、専門的高等教育機関の必要性を痛感した。それは、将来日本の教会が日本人によって築かれ、発展することが時代の要請であると考えたからである。そのためには何よりもまず人材の育成が重大であった。外国人宣教師の派遣はさまざまな事情から限界があった。ヴァリニャーノ自身も早くからこの点を考慮して、インドへ向けて出発する前にヨーロッパの各地で宣教師四一人を集め、その後もインド管区に十分な宣教師を派遣するように、総会長やヨーロッパの諸管区長、さらにはポルトガル国王にも要請していた。

インドに滞在していた一五七五年から七七年の間も、毎年宣教師を日本へ送った。その結果、日本では宣教師の数も増加していた。しかし、将来の独立した日本の教会のためには、なるべく早い時期に日本人聖職者の養成を考えなければならない。そして日本人聖職者を指導者として養成するためには、ヨーロッパと同等の学問と教養とを施すべきであると考えた。巡察師として日本各地を視察して、そのためには教育機関の設立こそ急務であることを感じていた。もちろん、宣教の当初から日本人も何人かイエズス会に受け入れられてはいたが、人手不足から学ぶという時間的余裕はなく、また、教育計画も整わず、コレジヨ（学院）もなければ教授する人もなく、教科書も不足していた。したがって、程度の高い自然科学・哲学・神学など、ヨーロッパ文化を体系的に修得する機会はほとんどなかった、といっても過言ではない。

そのうえ、宣教師のなかには、日本人会員にこれらの高い文化を理解する能力があるのか、また彼らがそれを理解したとしても、日本の伝統的で異質な文化に育った国民に、それらを伝えるに足る資質があるのかどうかを疑問視するものもいた。

画期的な教育案

ヴァリニャーノは、一五八〇年から八一年にかけて島原半島の口之津で開かれた会議において、画期的な教育案を立てた。日本人の資質に疑問を抱いて反対しつづけていたカブラルの職を解任してマカオに移し、日本人学生には、時代の要請に応じて自然科学・哲学・神学の全課程を学ばせるべきであるとした。

ただし条件として、学者間でいまなお討論されて定説にいたっていない学説や、ヨーロッパでの異端異説を細部にわたって述べることは必要ではなく、すべての学者に認められている真理を、体系的に明確かつ徹底的に教えるべきである、という英断を下した。

インド管区といっても、それはヨーロッパの全管区を併せたよりも広範囲にわたっていた。西はエチオピア（モサンビークを含む）から北はダマン（オルムズ）まで、南はモルッカ諸島から東は日本にまで広がっていた。ヴァリニャーノは、この広大な管区から独立した日本の宣教区を都（京坂地方）、豊後（豊後、豊前、日向の大友領を含む）、下（大友領を除く九州）に分け、セミナリヨ（神学校）、コレジヨ（学院）、ノヴィシアード（修練院）など三種の教育機関を設立することを決めた。将来、日本人の聖職者を育成することを期待して日本文学、ラテン文学などの人文課程を修めるセミナリヨは、都、豊後、下の三地区にそれぞれ一校ずつ設立される予定であった。

三種の教育機関

下地区のセミナリヨは、プロタジヨの名をもって洗礼を授けられた（一五八〇年三月）有馬鎮貴（後の晴信）の領内に設立された。また、都地区には、ヴァリニャーノが五畿内巡察中の一五八一年七月に、織田信長の城下町安土に開校されたが、本能寺の変のまきぞえによって破壊され、下地区の有馬のセミナリヨと合流しなければならなくなり、しかも、島原半島の八良尾という山間の僻地へ移転しなければならなかった。

その後も、政情の変化などによって各地を転々とすることになった。豊後のセミナリヨは、戦乱のために設立を見送らざるをえなかった。

セミナリヨで教養課程としての人文学的諸学科を終了したものは、その後イエズス会に入るか、教会に残って司牧に従事するか、あるいは一般社会に戻るのか、そのいずれを選択するかについては、まったくの自由であった。

イエズス会に入会するものには、その養成機関としてのノヴィシアード（修練院）が設けられた。ノヴィシアードは、三地区の中央に位置していて修練者を各地方に派遣しやすいとの理由から、一五八〇年一二月二四日に臼杵（うすき）に新設され、巡察中のヴァリニャーノ自らが最初の修練者一二名の講義を担当した。

修練を終えた神学生が、哲学や神学の課程を学ぶコレジヨは府内（大分）に設置された。若いときに来日し、『日本大文典』などの著者として、また、巧みな日本語で通訳の任にあたったためにTçuzu（通事）と呼ばれた有名なジョアン＝ロドリゲスは、このコレジヨの第一期生である。

また、一五九一年七月二五日に伊東マンショら四人の遣欧使節がイエズス会に入会したのも、移転先の天草のコレジヨにおいてだった。

三　出会いの実り――キリシタン版

印刷機の必要性

フランシスコ自身、「住民の大多数は、読むことも書くこともできるのであるから、印刷の方法によっては、私たちの信仰を一時に諸方へ公布せしめることができる」（書簡九〇）と考えていた。そして、フランシスコの夢の実現者ヴァリニャーノは、さらに可能性を広げて実現の道を開いた。

先に述べた三種の教育施設を設立したヴァリニャーノは、「教授に必要な書物が日本で容易に得られるように、一台の印刷機そのものを入手しなければならない」（セミナリヨ規則）と、巡察の報告書に記している。このことからも、彼が早くから日本へ印刷機を導入し、日本で書籍印刷を開始する意図があったことが明らかである。

ヴァリニャーノは、遣欧少年使節とともにインドに帰還すると、ローマからの新しい指令でインド管区長としてゴアにとどまらなければならなかった。しかし、かれは使節に加わっていた日本人修道士ジョルジュ＝ロヨラと、同宿のコンスタンティーノ＝ドウラードに対して、ポルトガルで金属活字の字母をつくることを学ぶように指令した。

使節一行がヨーロッパに滞在していた一五八五年、ヴァリニャーノはふたたび新たな指令を受け、日本や中国を含む全インドの巡察師に任命された。フランシスコの夢であった中国には、一五八三年にマッテオ＝リッチが広東省肇慶への入国の許可を得てイエズス会の家を建設し、軌道に乗りつつあった。リッチは、フランシスコが没した一五五二年生まれで、一五七一年、ヴァリニャーノがローマで神学を学びながら修練者の教師も兼任していたときの修練者のひとりだったという親しい間柄でもある。ヴァリニャーノは、訪欧中の使節一行が帰るのを待ち、同行して日本に赴くことになった。

一五九〇年七月、長崎に上陸したヴァリニャーノは、八月一三日から一五日までの三日間、島原半島の加津佐において第二回目の協議会を開催した。この協議会では、豊臣秀吉の追放令下の情勢にいかに対処すべきかという緊急の問題が討議されたが、将来された印刷機による出版の企画もあわせて検討されたのである。

キリシタン版については、ヴァリニャーノとともに印刷機を将来した天正遣欧使節とをあわせて述べなければならない。

天正遣欧使節

天正遣欧使節は夢とロマンに満ちた冒険物語の主人公のように描かれるが、むしろ周到な計画と準備のうえに実現された、ヨーロッパへの初めての日本人留学生と位置づけるべきであろう。

なぜなら彼らは、日本のセミナリヨでヨーロッパと同様の教育の過程を終えた学生であり、八年間その目でヨーロッパを見聞し、直接に学んだからである。

一五八五年の初め、天正遣欧使節はイエズス会本部のあるローマのジェズ教会で生活している。そこは師父イグナチオ自身が『霊操』の精神を語り、また、キリストとの一致のなかに生涯を捧げた「場」であった。

イグナチオと同じ「場」に立った彼らはその精神を心に刻んで日本に帰り、天草のコレジヨでさらにヨーロッパ人の学生とともに研鑽を重ねていくことになる。この「場」を越えた変わらぬものを、異なるそれぞれの「場」に生かすイグナチオとフランシスコの指針の結実の一つが、イエズス会コレジヨの出版、いわゆるキリシタン版である。

『日本のカテキスモ』

一五八六年にはリスボンからヴァリニャーノの *Catechismus Christianae Fidei*（ここにはわれらの宗教の真理が述べられ、日本の諸宗派が論じられている）が出版された。いわゆる、一般に『日本のカテキスモ』と呼ばれているものである。これは、ヴァリニャーノが第一次日本巡察の間に、仏教に詳しいイルマンらの協力を得て、一五八〇年から翌年にかけてまとめ、その後推敲を加えてラテン語で認（したた）めたものであった。使節たちが印刷機を持ち帰って日本で印刷するのが待ちきれず、ヴァリニャーノは原稿をリスボンに送って出版させた。それは、フランシスコの夢の実現の第一歩でもあった。

上巻では日本の宗教を分析しながら、創造主デウスの存在からキリストの教えの体系を示し、下巻では十戒、秘跡と恩寵、永遠の生命について述べている。

この本は上巻七六葉、下巻二四葉にのぼる著作で、深い日本人の内面性、人間性への洞察を踏まえながら、日本の風土に生かすことのできるキリスト教思想を展開する、ヨーロッパ人による体系的日本学のはじまりである。

ゴア、マカオでの印刷

活字や印刷機を携えた天正遣欧使節の一行は、リスボンからの帰国途次にインドのゴアでヴァリニャーノと再会した。ゴアで印刷された *Oratio habita a Fara D. Martino Iaponio* は、一五八七年六月四日に遣欧使節の一人原マルチノが使節を代表して、この留学を計画し実現に導いたヴァリニャーノへの報告と感謝の辞を述べたもので、その翌年、印刷技術などを学ぶように指示されていた日本人のコンスタンティーノ＝ドウラードの手によって、日本へ舶載する印刷機を使用して印刷されたものである。

マカオに到着した天正遣欧使節の一行は、大村純忠と大友宗麟が相次いで世を去ったこと、また、豊臣秀吉が伴天連追放令を発布したという悲しい知らせに接し、二年近くの同地滞在を余儀なくされてしまった。

その間に、ヴァリニャーノが編纂し、ドアルテ＝デ＝サンデ（Duarte de Sande, 1531-1600）がラテン語に訳した *De Missione Legatorum Iaponensium ad Romanam curiam, rebusq ; in Europa ac toto itinere animaduersis Dialogus*（『遣欧使節対話録』）という四〇〇ページを越える大部と、ジョアン＝ボニファシオの *Christiani Pueri Institutio*（『キリスト教子弟の教育』）の印刷が行われた。

前者は、「日本使節のローマ聖座への派遣、ならびに、ヨーロッパおよび全行程における見聞についての対話録」という原題で、この留学の成果を語る日本人のヨーロッパ研究の嚆矢といえる。初めて日本人の目でヨーロッパを見聞し、その歴史、文化、芸術、社会、宗教、風俗などを語る総合的な研究書である。ちなみに天正遣欧使節に関しては、ヨーロッパではローマ教皇グレゴリウス一三世と使節の謁見が行われた一五八五年に四九種、一五九三年までに合計七八種の書物が刊行されたという。

また、後者は、トレント公会議以後の西欧で聖書や教父を引用して倫理道徳の面からキリスト教的人間形成をめざして書かれたもので、当時ヨーロッパではベストセラーになっていたが、さらに日本に適した訂正が加えられた二五〇葉を越える書である。両書とも、日本のセミナリヨやコレジヨのラテン語の語学教科書となった。

印刷の準備

大航海時代、すなわちイエズス会創立以前から多くの印刷機が海外に渡っていたが、それは宗主国の言葉を植民地に教えるためのものであった。キリシタン版の場合は、長崎に着く前に亜鉛活字の字母で片仮名、平仮名、漢字の国字本印刷ができるように、準備がすでに整えられていた。

「わがイエズス会の修道士が同宿たちとともに二〇〇〇個の父型と、それと同数の母型」を作製したと、遣欧使節に同行したディオゴ＝デ＝メスキータ（Diogo de Mesquita, c.1553-1614）は日本字の活字について報告している。

すべて漢字だけで記されなければならない儒教的教養に偏らず、また、文字が言葉の音しか表さないアルファベットや仮名だけでもなく、視覚的にも理解できる表意的な相当数の漢字と、誰でも覚えられるわずかの字数の仮名を合わせた漢字仮名混じりの文体と、金属活字による多量の印刷出版とは、その後の庶民層の識字率や知的水準の向上に大きく関わることになる。書物の出版は深い豊かな学問の基礎と、広く開かれた教育の厚い層の支えがなければ成し遂げることができない。しかもキリシタン版は、西欧キリスト教文化と異質な日本の文化、精神性との出会いの結実でなければならなかった。

日本に到着して加津佐の会議も終わると、一〇月には印刷の準備が本格的に開始された。

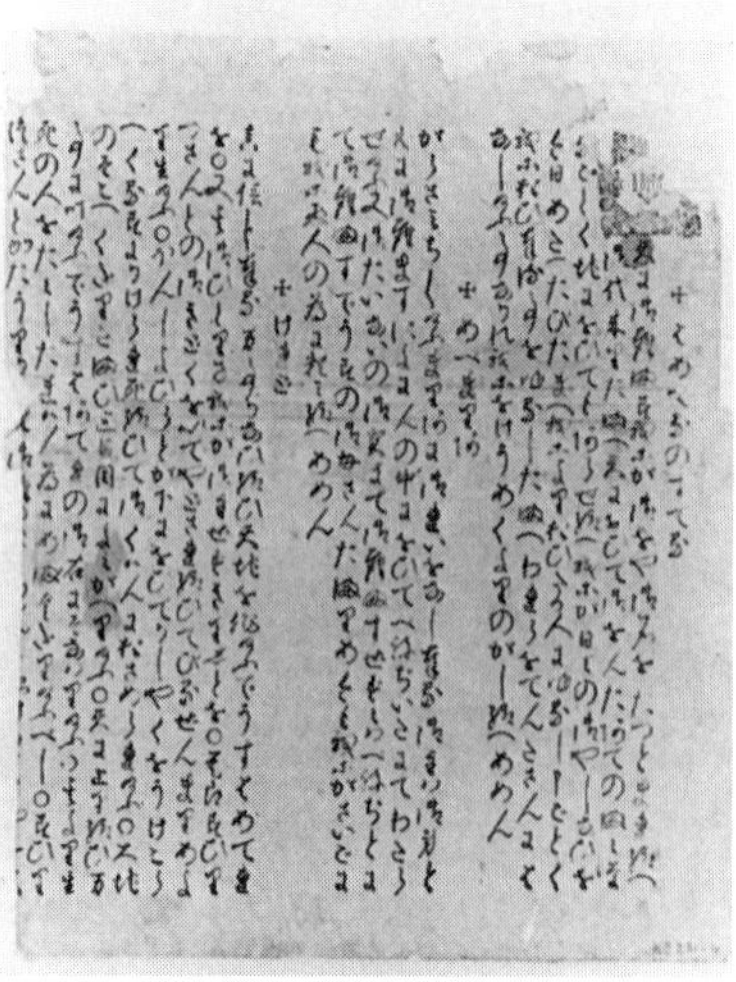

『おらしよ断簡』
上智大学キリシタン文庫蔵

『おらしよ断簡』

まずは、キリシタンに配布すべき『おらしよ断簡』である。「はあてるのすてる」（天に御座ます）、「あべまりあ」「けれど」（使徒信経）の三つの祈りである。

これは、二〇世紀のなかばに『ぎやどぺかどる』の表紙の裏打ちから発見された。字体は初めての金属活字印刷とは思えない見事さである。現存するのは一葉のみで、上智大学キリシタン文庫に架蔵されている。

『どちりなきりしたん』

翌年には、日本字本の『どちりなきりしたん』が印刷された。カテキスモとも呼ばれ、創造、救い、教会と人の生きる道としての十戒などを説明している、キリスト教教理の入門の書である。キリシタン伝来の初めからいろいろな種類が編纂されていたが、一五六六年に刊行されたイエズス会士ジョルジュ編の師弟問答形式に準拠して編纂され、この後、一五九二年にはローマ字本で、一六〇〇年にはふたたび日本字本とローマ字本で改訂出版されるなど、最も多く印刷された。

『サントスのご作業のうち抜書』

ローマ字本の *Sanctos no Gosgueono uchi Nuqigaqi*（『サントスのご作業のうち抜書』二巻二冊／三八〇頁）は、超越的絶対神の存在を正面から議論することは日本人には馴染みにくいので、むしろ風土や伝統が異なっていても、誠実にひたむきに生きる姿に同じ人間としての共感が得られるように、ということで編纂された聖人たちの物語である。

キリスト教宣教とともにはじまり、フランシスコから山口で一緒に洗礼を受けた目の不自由なロレンソやトビアスなどによって語り伝えられた使徒をはじめとする古代の聖者、殉教者らの事跡を、中世に編まれた『黄金伝説』などの諸書から収録したものと思われる。一五五六年には『聖人伝』が将来され、日本人イルマンの養方（ようほう）パウロがヴィレラを助けて一五六四年に *Flos Sanctorum* を訳したものを取捨・補正して本書が成立したと考えられる。このなかには、釈迦がバルランという高徳の聖者として描かれている。

なお、下巻は「マルチリヨ（殉教）の理（ことわり）」と題されていて、ルイス＝デ＝グラナダの *Introduccion del Symbolo de la Fe* からの抄訳が収められている。

『ヒイデスの導師』

Fides no Doxi（『ヒイデスの導師』）は、別名『信心録』ともいわれているキリスト教の教義書で、四巻一冊／六五一頁から成っている。スペイン人イエ

ズス会士のラモンが訳し、一五九二年に天草のコレジヨから刊行された。原書はルイス＝デ＝グラナダの *Introduccion del Symbolo de la Fe* で、本書はその抄訳である。文語体ローマ字文であるが、深い内容が格調高い文章で綴られている。

『病者を扶くる心得』　表題紙が失われてしまったために、一般には『病者を扶くる心得』と呼ばれているこの書は、病人のために洗礼を授け、悔悛を勧め、臨終の用意についても述べている。キリシタン書が西欧の優れた書の直訳か、あるいは西欧キリスト教の解説を主としているなかで、特に日本の事情を十分に考慮して編纂された貴重な書といえる。

『平家物語』　*Feiqe no monogatari*（『平家物語』）はファビアン編の口語訳本（四巻一冊／四〇八頁）で、大英図書館本が現在唯一の伝本で、*Esopo no Fabulas*（『エソポのファブラス』＝『伊曾保物語』）、*Quincuxu*（『金句集』）とともに一五九二年から九三年にかけて天草のコレジヨで刊行され、合冊されている。

原題は「日本の言葉とイストリア（歴史）を習い知らんと欲する人のために世話に和げたる平家の物語」であり、原典本文を抄出し、口語に訳し対話体にしてローマ字文にしたものである。所拠した『平家物語』は、巻二初めまで覚一本系統、以下一二〇句本系統である。その序には、「此の一巻には日本の平家といふイストリヤとモラーレス-センテンサスとエウローパのイソホのファブラスを押すものなり」とある。

この頃の日本とヨーロッパの出会いを論ずるとき、アーノルド＝トインビー（Arnold J. Toynbee）も言っているように、西欧は商業的に採算もとれず軍事的植民化も不可能であった日本に対し、キリスト教を原点とする文化全体として志向した。

しかし、日本側の要請は、同様に文化的宗教的次元であったとは言えない。西欧がキリスト教なら日本は仏教という、宗教の次元での接触という短絡的な図式ではない。仏基は政治経済を巻き込んだ民衆勢力獲得という面での衝突は数多くみられるが、純粋な学問、宗教の次元での対決はほとんどないといっても過言ではあるまい。

NIFON NO
COTOBA TO
Historia uo narai xiran to
FOSSVRV FITO NO TAME-
NI XEVA NI YAVA RAGVETA-
RV FEIQE NO MONOGATARI.
IESVS NO COMPANHIA NO
Collegio Amacusa ni voite Superiores no go men-
giō to xite core uo fan ni qizamu mono nari.
Go xuxxe yori M.D.L.XXXXII.

『平家物語』

日本が求めたものは、ルネッサンス期の新しい展開を遂げつつある西欧の技術と、それを生み出した科学的実証性や合理性を追求する精神である。西欧からの一方的な植民化のなかに、このようなレベルにおいて全面的な拒絶ではなく、理解しうる能力を持ち、なおかつ受容の姿勢を持ち得たのは日本だけだった。

西欧の求めた出会いは、宗旨の名を掲げて民衆が社会的・経済的連帯を組み、さらに巨大な軍事力までを有する宗門・宗派としての仏教にはなかった。当時の日本で社会や庶民を支え、民衆を新しい時代へ導く宗教書や思想書を探したとしても見いだすことができなかったであろう。キリシタン版の編者たちが、日本を最もよく表すものとしてやっと選んだのが『平家物語』であった。読誦の人の序に、「この国の風俗を知り言葉に達すべきこと専らなり。……言葉を学びかてらに、日域の往時をとむらふべき書多しといえども平家物語に若くはあらじ」とあるように、武家政治のなかでの歴史の流れを、もはや日本的仏教ともいえる無常観の文学として、日本の文化と心情を描きあげたものととらえたからであった。

モラーレス-センテンサスとは、フランシスコも指摘していたように、日本に最も影響を与えた中国の思想 *Xixo Xixxo*（『四書』『七書』）などから抜き出した *Qincuxu*（『金句集』）を、中国古典そのままではなく、日本人の多くが素読で暗唱してなじんだ句、例えば「過を知って必ず改む」とか、あるいは「朝に道を聞いて夕に死すとも可なり」など、二八〇あまりの句をアルファベット順に編纂したものである。

『伊曾保物語』

さらに、「ラチンを和して日本の口となすものなり」の *Esopo no Fabulas*（伊曾(いそ)保(ほ)物語）がある。「惣じて人は実もなき戯言には耳を傾け、真実の教化をば聞くに退屈するによって、耳近きことを集め……よき道を人に教へ語る便り……」と読誦の人に書いているように、西欧キリスト教の本質であるとしても、『どちりなきりしたん』や『聖書』を直截にぶつけるのではなく、民衆のなかに自然に根づいた寓話から、異質な伝統のなかにも共感を得られるかたちで紹介したものである。

広い庶民層の文化や生活の基盤となり、その心情をよく表している日本の古典と、日本に根づきなじんだ中国の思想、そして西欧の倫理的教訓としての寓話を一つに編んで出版することは、異なった風土に育った伝統を普遍的な人間性の次元でとらえながら、それぞれの独自性を差異や対立ではなく、自分の持っていない素晴らしさとして認めるものであって、この合冊は現代の比較文化、さらには文化接触論の先駆ともいえるだろう。「場」を生かしつつ、「場」を越える出会いこそ、フランシスコの示す方向づけであった。

『ラテン文典』 文法書の *De Institutione Grammatica*（『ラテン文典』／一七〇頁）は、一六世紀にヨーロッパで広く行われたラテン文法を基礎に編まれ、表題紙にも「活用に日本語の解説が付されている」とあるように、主に動詞の活用を論じている。その適用に困難な点も少なくないが、初めて日本語を外国の文法で考えたところに意義がある。

『羅葡日対訳辞書』

Dictionarium Latino Lusitanicum, ac Iaponicum（『羅葡日対訳辞書』／一五九五年天草版、九〇八頁）は、イタリア人カレピーノのラテン語辞書を基礎として、ひとつのラテン語にポルトガル語といくつかの類義の日本語をあてている。古い用法を含め当時広く用いられていた生き生きとした日本語を収録したもので、総数は三万語、外国人による最初にして最大の辞書である。

ラテン語ならびに日本語学習のためにつくられたもので、さらに『日葡辞書』へと発展していく。この後一五〇年あまりも経過し、蘭語界の草分けと言われる青木昆陽の『和蘭文字略考』（一七六四年）は七三二語を収録したにすぎず、『解体新書』の翻訳に指導的役割を果たした前野良沢の『和蘭訳筌』（一七八五年）も、「和蘭字ニテ和蘭言語ヲ採録シテ本篇トシ国字ニテ彼音韻訳文等ノ解ヲ記シテ末篇」とする翻訳方法を述べるもので、収録語数はわずかに昆陽のものを越える程度で、辞書というよりも覚書の写本にすぎない。

『羅葡日対訳辞書』がこれほど多くのそれぞれの言葉を訳出したことは、二〇〇年後の『波留満和解』（一七九八―九九年頃）をしのぐ業績であり、大航海時代に自らの言語を失わずに新たな言語を学び、さらに自らの言語をも豊かにしたまれにみる結実ということができる。

『コンテンツスムンヂ』

Contemptus mundi jenbu（『コンテンツスムンヂ』／四五八頁）は、一五世紀前半にラテン文で書かれた原典を、日本文ローマ字本として一五九六年に出版した。書名は、第一巻第一章の題名 *De imitatione Christi et Contemptus omnium vanitatum mundi*（キリストの倣（まな）びとこの世のあらゆる空しきものを厭（いと）いて）で、スペインやポルトガルでは『コンテンツスムンヂ』の名称を用い、イエズス会の日本語訳本もその書名を採用しており、『コンテンツスムンヂ全部。これ世を厭ひゼズ＝キリシトの御行跡を学び奉る道を教ゆる経』と題されている。

本書は一六世紀にはフランスの指導的神学者ジェルソン（本名 Jean Charlier, 1362-1429）の編著と考えられていたので、キリシタン時代にはときには「ジェルソンの書」と呼ばれていた。

一五八一年度『イエズス会日本年報』によると、すでにその訳業がはじめられており、一五八五年には教皇シクストゥス五世によって、日本の読者に対し祝福が与えられている。一五八六年に受洗した細川ガラシヤも本書を愛読したと伝えられる。一五九〇年の日本イエズス会総協議会で、初めて舶載された印刷機でまず出版すべき図書として本書があげられている。

NVOVI AVISI
DELL'INDIE DI PORTOGALLO, riceuuti dalli Reuerendi Padri della compagnia di Giesu, tradotti dalla lingua Spagnuola nell'Italiana.
E' IL MIO FOGLIO
QVAL PIV FERMO
E' IL MIO PRESAGIO.
MDLIX.

『イエズス会日本年報』
上智大学キリシタン文庫蔵

なお、一六一〇年に京都の原田アントニオが、日本文ローマ字本のうち、宣教師にだけ必要な部分を除いて一般信徒向きに適宜抜粋し、文章もより平易にしたものを国字本で刊行した。「世をいとひゼズ＝キリシトをまなび奉るの経」と副題されている。

『心霊修行』　*Exercitia Spiritualia*（『心霊修行』）。イグナチオ＝デ＝ロヨラは、一五二二年にスペインーマンレーサにおいて、自らの霊的体験をもとにして、生活の改善と聖徳に達する道として黙想書を著したのである。人間存在の基本的目的を考察し、罪への傾向の克服と霊魂の浄化から、『霊操』とも呼ばれている。「より大いなる神の栄光」と人々への奉仕の道を進んで選び、十字架を担うことによってキリストにならい、祈りのうちにキリストとの一致に到る四週の黙想のことである。

フランシスコは、ローマ教皇からのイエズス会認可の前の、まだ会憲も総会長も決まっていない創々期に東洋へ派遣されたが、その活動には何のためらいもなかった。それはイエズス会のすべてがこの『霊操』から出発しているからであった。『霊操』が日本に舶載されたという記録があれば歴史的影響の十分の証明となりうるが、『霊操』そのものが一五九六年、天草のコレジヨにおいて二八〇頁からなるラテン語本として印刷されたのである。それほど日本でも重要な書であり、人間教育の柱であり、奉仕の原動力でもあった。

ラテン語の原文が直接の源泉ではあるが、日本語で多くの庶民層にイグナチオの全人的な生きる方向づけを説く書も編まれた。それは『霊操』の忠実な逐語訳のかたちではなく、キリストの本質を誰にでも理解でき、ことに現実の生活のなかに生かし、キリストに似た人間として生きるすべを記した *Spiritual Xuguio no tameni yerabi atcumuruxuquanno Manual*, Nagasaqi 1607 で、『スピリツアル修行』と呼ばれている。

「御主デウス我らを遮って（先だって）思ひ給うカリダアデはこの御主を思い奉る勧めとなるものなり」という聖句にあるように、神が先に愛によって、人々と同じものを担いともに生きるためにあえてキリストとなり給うたこと、しかもそのキリストは畏敬をもって仰がれる光栄のかたちではなく、すべて人の罪と弱さを御自分のものとして担う「知音（友人）に対し命を捨よりも勝れたる大切なし」というパシヨン（受難、十字架）をもって生涯を貫かれたこと、すなわち、愛と十字架がその主題になっている。

四〇〇頁を越える書で、製本に間に合わなかったのか、あるいは欠落したのかは定かではないが、キリストの生涯と聖母マリアを描く、優れた銅版画の一五枚のうち六枚の挿絵を見ることができ、キリシタン美術のはしりとも言える。イエズス会士ロアルテ（Gaspar Loarte）の「ロザリヨ一五のミステリヨのメヂタサン」、「御パシヨンを観ずる道を教ゆる事、並びに御パシヨンのメヂタサン」、四福音書から抜粋総合した「御パシヨンのテキシト」、さらにペドロ＝ゴメス著の「ソマナに当たる日々」、「四つのノビシモス」、「アヅベントのうち毎日」、「年中のドミンゴ」、「年中にサンタエケレジヤより用ひ給ふ祝日」、「レリジアンの三つのヲトス」、「ヲカサンのレリヂヨソに当たるビルツウデスについて」の各メヂタサン（観想）を収めており、分冊刊行されていたものを編集しなおしたものである。プティジャンがそれらのうちの「御パシヨン」の部の翻刻を企て、『御婆通志与』として一八七三年に刊行した。

『サルバトールムンヂ　コンヘショナリヨ』　*Salvator Mundi : Confessionarium*（『サルバトールムンヂ　コンヘシヨナリヨ』／一五九八年刊、三〇葉）は、告白の手引書である。それにあずかる心得、十戒についての良心の吟味から、さらに「善作に日を送るべき為に保べき条々」としてキリシタンが進んで行うべき善き行いを七章に分けて説いている。プティジャンは、一八六八年に本書を見つけて写本して日本に持ち帰り、翌年『校正再刻とがのぞき規則』と題し、上海において唐紙石版刷りで秘密開版した。

『落葉集』　*Racuyoxu*（『落葉集』／一五九八年刊、一〇九葉）は、ローマ字書きの辞書に対して、漢字漢語の音や訓を知るための日本語の辞書である。

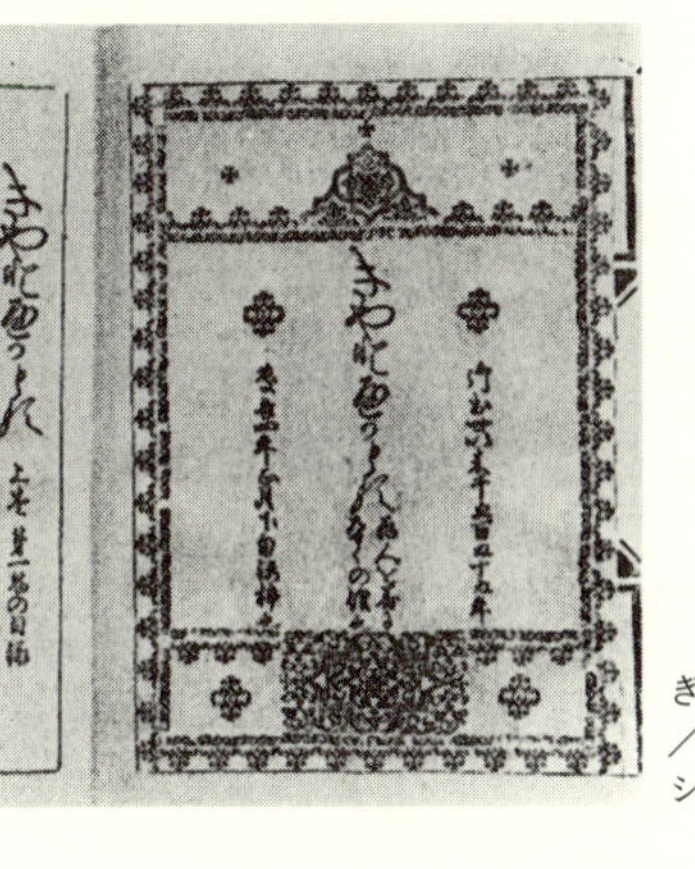

ぎやどぺかどる／上智大学キリシタン文庫蔵

落葉（言葉の洩れ残ったもの）を集めて、色葉（いろは）集すなわち辞書にしたものという意味である。わが国の古辞書『和玉篇』や『節用集』にならってつくられたものだが、これらを合わせて一冊とし、しかも日本の類書にはみられない言葉を収めた、辞書史上きわめて特色のあるものとなっている。

『ぎやどぺかどる』　*Guia do Pecador*（『ぎやどぺかどる』）は、一五五六年リスボンで刊行された、スペイン人ドミニコ会士ルイス＝デ＝グラナダの名著 *Guia de Pecadores* のキリシタン版である。

一五九九年、長崎コレジヨから美濃版上下二巻二冊（一一八葉、八八葉）の日本文国字活字本として刊行された。ヨーロッパにおいてもキリスト教的修養、霊性の代表的著作で、聖書、教父らの著作からの引用も多く、キリシタン文学中の白眉とされている。巻末に各巻の漢字を集めて読み仮名を示した字集がある。

『おらしょの翻訳』　キリシタン祈禱書の『おらしょの翻訳』は、一六〇〇年に長崎の後藤（登明）宗印によって出版された。主な祈禱文は早くから邦訳されて出版されていたが、現在は断簡しか発見されていない。それらを集大成したものが本書で、ラテン文を平仮名書きしたものも収められている。

また、〈けれど〉（使徒信経）に解説があるほか、慈悲の所作その他倫理や八福の教えも収め、付録に「もろもろのきりしたんしるべき条々の事」と題する一一条の教理要約がある。

『倭漢朗詠集巻之上』　*Royei. Zafit*（『倭漢朗詠集巻之上』）は、日本の詩歌の教科書である。原題は「倭漢朗詠集巻之上」だが、『九相歌』、『雑筆往来』、『実語教』、『古状揃』なども含まれている。これらの和歌、漢詩、漢文、書簡文などは広い領域にわたっており、コレジヨの日本語、日本文学研究の程度の高さをしめすものである。

『日葡辞書』　*Vocabulario da Lingoa de Iapam*（『日葡（にっぽ）辞書』）は、先の天草版『羅葡日対訳辞書』につづいて、さらに日本語学習の利便を考え、イエズス会式ローマ字綴りで表記した日本語をアルファベット順に配列している。

各条にポルトガル語で説明し、本編に二万五九六七語、補遺に六八三一語、合計約三万二八〇〇語を収録する辞書である。当時の標準的な言葉を中心に方言、文書語、詩歌語、仏教語、女房詞、卑語など、語義を主にして発音、文法、敬語など豊富な用例が取り入れられている。漢語には訓釈をつけ、類義語、対義語、関連語をあげて比較し、また、『太平記』や天草本『平家物語』、その他からの引用も多い。

編者についてはジョアン＝ロドリゲス＝ツズなど数名が擬せられるが、むしろ報告にもあるように、「パアデレたちおよび日本人イルマンたち」と個人名をあげない複数形で記されたものが最も当を得ている。特に辞書というものは、異なった伝統と文化を負う言葉と言葉の間の厳しい隔絶を越え、深い人間としての出会いが実を結んだものである。傑出した一人の人物の優れた才能によるよりも、広く社会のあらゆる層の人々に支えられ、日々の生活からにじみ出し、長い時間をかけて生命の共有が熟成されたときに生まれるといえるだろう。

イエズス会の活動も教育の基盤の広さと深い学問的研鑽から生まれたものとして、キリシタン版のほとんどを個人の功績に帰していないのが特徴である。本編が一六〇三年、補遺が一六〇四年に長崎コレジヨから発刊された。

なお、本書のポルトガル語をスペイン語に訳した『日西辞書』が一六三〇年にマニラで刊行された。また、ポルトガル語をフランス語に訳した『日仏辞書』がパジェスによって一八六二―六八年にパリで刊行され、広く利用された。

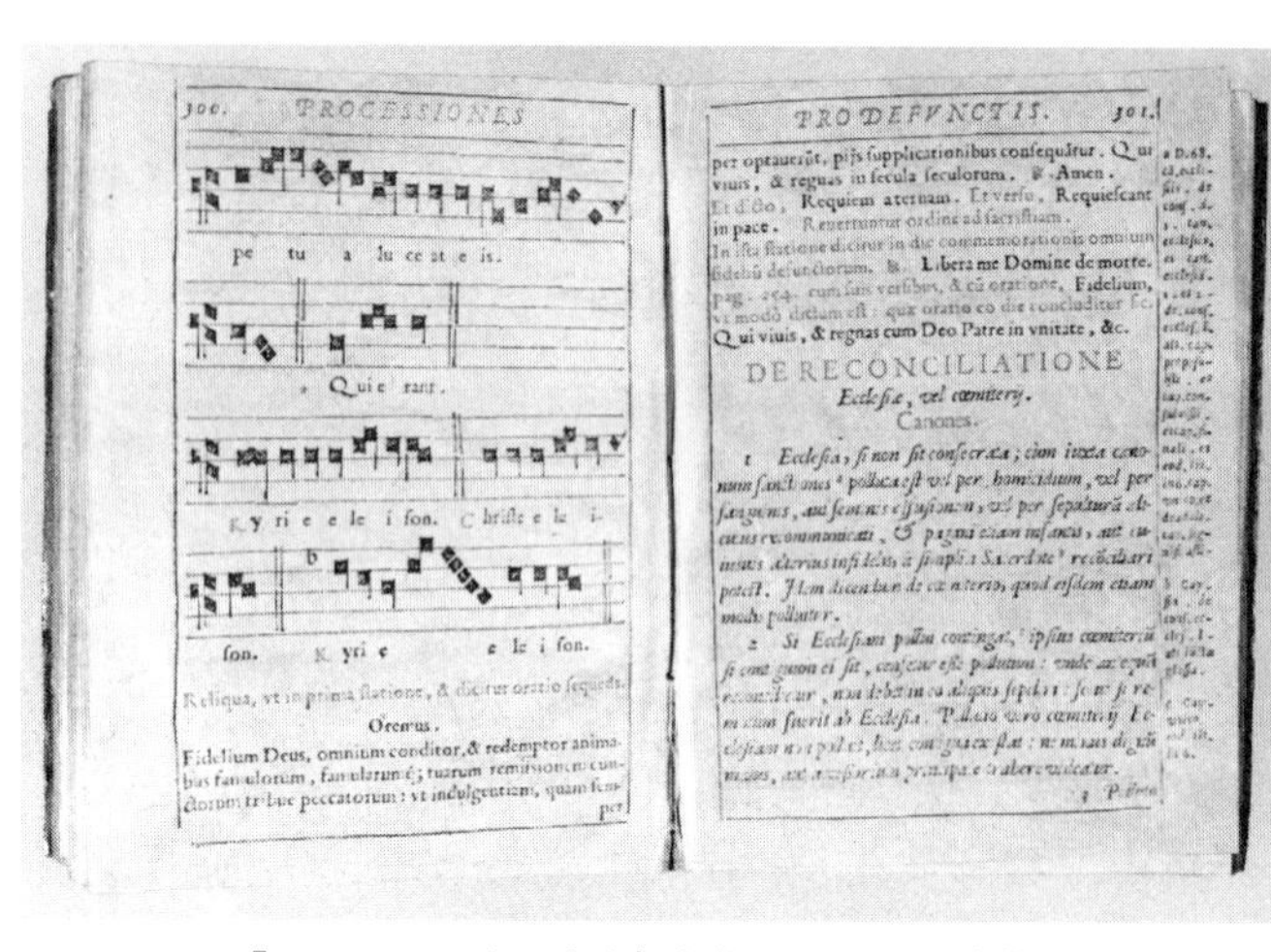
300. PROCESSIONES

pe tu a lu ce at e is.

Qui e rant.

Kyri e e le i son. Christe e le i-

son. Kyri e e le i son.

Reliqua, vt in prima statione, & dicitur oratio sequens.

Oremus.

Fidelium Deus, omnium conditor, & redemptor animabus famulorum, famularumq; tuarum remissionem cunctorum tribue peccatorum: vt indulgentiam, quam semper

PRO DEFVNCTIS. 301.

per optauerũt, pijs supplicationibus consequatur. Qui viuis, & regnas in secula seculorum. ℟. Amen.
Et dicto, Requiem aeternam. Et versu, Requiescant in pace. Reuertuntur ordine ad sacristiam.
In ista statione dicitur in die commemorationis omnium fideliũ defunctorum. ℟. Libera me Domine de morte. pag. 254. cum suis versibus, & cũ oratione, Fidelium, vt modò dictum est: quae oratio eo die concluditur sic. Qui viuis, & regnas cum Deo Patre in vnitate, &c.

DE RECONCILIATIONE
Ecclesiae, vel coemiterij.
Canones.

『サカラメンタ提要』上智大学キリシタン文庫蔵

『日本大文典』 *Arte da Lingoa de Iapam*（『日本大文典』／二四五葉）は、主にジョアン＝ロドリゲス＝ツズの編とされるポルトガル語で書かれた日本語文典で、三巻一冊から構成されている。

第一巻は動詞などの屈折論、品詞論。第二巻は文章論、修辞論。第三巻は文体論、人名論、計数論などからなっている。口語の発音、文語を対照しながら口語文法を説き、韻文などの文章語についても扱っている。先のマヌエル＝アルヴァレスの『ラテン文典』で取り扱わなかった敬語法や、「てにをは」についても述べられている。

『サカラメンタ提要』 『サカラメンタ提要』は、日本司教ルイス＝セルケイラが編纂した典礼書である。キリシタン宣教初期にはミサ以外の諸典礼式書はなかったので、巡察師のヴァリニャーノが一五八〇年の協議会においてつくるようにと指示した。セルケイラが定式書（Lituale）の編纂を進め、一六〇五年に長崎で出版したのが *Manuale ad Sacramenta Ecclesiae ministranda* と題する本書である。司教執行の堅信と司祭叙階を除く五つの秘跡と、祝別、葬儀などの準秘跡（Sacramentalia）の定式を示している。式文は黒色刷り、説明文は赤色刷りで、日本で最初の二色刷りの印刷である。

また、その当時特に問題視されていた日本人の婚姻形態に対しては、明確な規定と婚姻式文を規定している。さらに、一九曲のグレゴリオ聖歌がネウマ五線譜で収められており、現存する日本最古の洋楽譜として注目される。式文中には日本語も混ざっているが、旧北堂文庫（北京）本には、邦文ローマ字で『ローマ-カテキスムス』による「サカラメントとそのほかの品々の儀についての教え」が付されている。

『ひですの経』　*Fidesno Quio*（『ひですの経』）は、一六一一年に長崎の後藤宗印によって刊行された。扉書名の下に、「後生扶る道の教を信じ保つ儀也」と割り書きがある。ルイス＝デ＝グラナダの *Introduccion del Symbolo de la Fe* の邦訳ローマ字版『ヒイデスの導師』（1592）の国字訳抄本かと思われる。

『太平記抜書』　『太平記抜書』は、表紙と扉が消失してしまったので、刊行年、刊行地ともに詳しいことはわからないが、巻二に司教セルケイラの出版許可があることから、一六一一〜一四年の間に出版されたものと考えられる。宣教師たちの日本語学習の資としたものである。当時の流布本を六巻一四八章二九五葉に抜粋省略したものである。目録に見られるAPROVACAM（認可状）はマヌエル＝バレットである。

『日本小文典』　*Arte Breve da Lingoa Iapoa*（『日本小文典』）は、ジョアン＝ロドリゲス＝ツズがマカオ転任後の一六二〇年、『日本大文典』を縮約し、若干改訂して刊行したものである。『大文典』には見られないものがあり、本書独自の価値を持っている。

＊

ヴァリニャーノが第三次巡察として滞在していた一六〇〇年は、ローマ字本『ドチリナキリシタン』、国字本『どちりなきりしたん』、『おらしよの翻訳』、『倭漢朗詠集巻之上』と、矢つぎばやに出版された年であった。

キリシタン版として出版された語学・文法書は、日本語の会得にもどかしさをおぼえたフランシスコ、彼に続く宣教師たちの困惑を一気に振り払うものとなった。

これにより、彼らは日本語を容易に習熟できるようになり、たとえすぐれた能力を持たない者でも、一年と経たぬうちに日本人と交際するようになった。かなりの才能のある者なら、一年以内に説教することさえ可能である（一五九五年一一月二三日付、総会長宛て書簡）

ヴァリニャーノは、誇りをもって報告している。

＊

以上が、現存するキリシタン版三〇数種のあらましである。イエズス会年報などの報告書から数えると一〇〇種類近い書が上梓され、『どちりなきりしたん』など数種は、一〇〇〇部を越える部数が印刷されたと伝えられている。

四　出会いの懸橋

西欧文化を伝えた人たち

フランシスコのヴィジョンをヴァリニャーノが実現したキリシタン版は、日本の出版文化史のなかでも画期的な事業であったといえる。功績をあげるとするなら、このキリシタン版を述べるだけで十分である。それは金属活字の使用という高度な技術や、アルファベットだけでなく、漢字仮名混じり文を印刷するというソフト面でも、新しい分野を拓いていったからである。

しかし、書物の出版は深い豊かな学問の基礎と、広く開かれた教育の厚い層の支えがなければ成し遂げられない。しかもキリシタン版は、西欧キリスト教文化と異質な日本の文化、精神性との出会いの結実でなければならなかった。イグナチオとフランシスコの示した「時」と「場」に、異質な文化の出会いの懸橋となったのは「人」である。

イエズス会の学問・教育も、人格と人格の出会いを通してだけ「より大いなる」ものとなりうる。異なった伝統と文化を担う人々の隔絶を厳しく見つめながら、しかもその底に同じ人間としての生命の共感と出会いの喜びが感じられ、誤解や模索を越えて触れ合い、それぞれの独自性を尊重し、異質性が互いを傷つけるのではなく、人間の持つ限りない可能性への驚きと感嘆としてより豊かに深め合うことができるのは、「人」をおいて他にない。

日本のイエズス会でこの出会いの結びとなった人々は、フランシスコにはじまり、ヴァリニャーノに受け継がれたことはいうまでもない。ここではキリシタン時代にイグナチオの方向づけを特に「時」と「場」に十分の配慮をしながら、キリスト教文化の本質を日本に紹介したフランシスコの志を継ぐ「人」に触れたい。

日本では迫害と弾圧、また、西欧でも一八世紀にイエズス会が解散させられたこともあって、失われたキリシタン版や文書類も多いが、数百年の時をへだてて新たに発見されたものもある。特に前世紀末から今世紀初頭にかけてマヌスクリプト（手稿本）のかたちで発見されたもののなかに、大へん貴重と思われる三つの著作がある。これらの著作は多くのキリシタン書のなかでも、特に大きな意味を持っている。

すなわち、ルイス＝フロイスの『日本史』、ジョアン＝ロドリゲスの『日本教会史』、そして、ペドロ＝ゴメスの『講義要綱（コンペンディウム）』である。

ルイス＝フロイス

何年か前にNHKの大河ドラマの「黄金の日々」や「信長King of Zipangu」に登場して、その名を巷間にあまねく知られるところとなったフロイスは、一五六三年（永禄六）七月、キリシタンに改宗してまもないドン＝バルトロメウ大村純忠所領の横瀬浦の港にはいって、待望久しい憧れの日本に到着した。

以来、横瀬浦から度島へ行って、フランシスコと一緒に日本にきたイルマンのフェルナンデスから言葉と宣教のための手ほどきを受け、それから都およびその周辺、そして豊後で宣教に携わり、晩年は長崎で余生を送った。一五九二年一〇月から二〜三年の間日本を離れたときを除けば、一五九七年七月に長崎で死去するまでの三〇年あまりにわたって、当時イエズス会士が宣教を担当していたほとんどすべての地に足跡をしるしている。

その間に、語学に長じていたことから、布教長カブラルの都訪問（一五七一、一五七四年）、ヴァリニャーノの織田信長訪問（一五八一年）、そして初代日本準管区長ガスパル＝コエリヨの南国から都への宣教地巡視（一五八六年）に通訳として随行し、旅を続けた。

一五四九年のフランシスコの開教から、一六一四年に禁教令によって宣教師やキリシタンが国外に追放されるまでの約六五年間のキリシタン宣教時代に、フロイスのように三〇年以上の長きにわたって日本に住んで宣教に従事した者は、それほど多くはいない。また、フロイスが日本に生き、日本の息吹きに直接触れた期間は、日本史史上でも最も興味ある信長と秀吉の時代であり、日本でのイエズス会の宣教も、例の「伴天連追放令」（一五八七年）以来、たてまえの禁令こそ打ち出されたが、実は発展の時代であった。

その意味で、フロイスはこの地での働きをまっとうできた幸せな宣教師であったといえるだろう。それにもましてフロイスの名を後世に長く伝えしめたのは、彼のこの宣教期間を通じてのその著作活動においてである。

フロイスの著作

フロイスは、宣教上の事件はもとよりのこと、日本の果てしない戦乱など、彼自身が見たり聞いたりしたさまざまなできごとを詳細に長文の書簡に認め（したた）め、ゴアやヨーロッパに書き送った。宣教のかたわらにひまをみては書いたであろう彼の書簡類は、一三〇通余を数える。

加えて彼は、準管区長の年報作製担当の秘書として日本の各宣教地から送られてくる宣教師たちの報告をまとめ、それを年次報告『イエズス会日本年報』としてローマに送った。一五九七年二月に起こった二六聖人の殉教をまのあたりにし、三月にはこれについての報告をまとめた。これが、日本からヨーロッパに送った彼の最後の報告であった。

しかし、彼の文筆の才を余すところなく伝えるものに、上長の命を受け、一〇年近くを費やしてフランシスコ以来の宣教の全貌をまとめ、歴史として起草した大著がある。これこそ先にあげた『日本史』である。

『日本史』は、日本の気候、風習、宗教など三七章からなる総論にはじまり、第一部が一一六章、

第二部が一三二章、第三部が五六章からなる、現存する写本が約二五〇〇ページの膨大なものである。編年史的に記録された日本史でこれほど大部のものは、他に類をみない。

ジョアン＝ロドリゲス

キリシタン時代には、ジョアン＝ロドリゲスという同名の宣教師が二人いた。通訳として活躍した彼は、もうひとりと区別するために自ら「ツウズ」（通事）と署名し、一般にはその名で親しまれていた。

ロドリゲスは若くしてアジアに渡り、一五七七年に日本でイエズス会に入会した。そして、先に述べたように、府内のコレジヨで一期生として学んだ。日本語も、日本文学も、ラテン語も、また、学問のほとんどを日本の教育施設で修得した。帰国した天正遣欧使節の聚楽第での秀吉への謁見など、数々の場で通事として活躍し、また、外交折衝にもあたった。こうした活躍とは別に、ロドリゲスもフロイスと同じように文筆の面でも名を残した。先にあげたキリシタン版のうち、彼の名前は明記されていないが、『日葡辞書』、『日本大文典』、『日本小文典』など、日本語研究はほとんど彼によるものといっても過言ではない。

さらに、フロイスの『日本史』と双璧をなす手稿本『日本教会史』を残した。本書も書名が示すように日本の歴史の書ではあるが、編年史というよりも人文地理的な記述、日本人の「気質（カタンギ）」を、人間の出会いを重んじる礼節ととらえる日本人論であり、日本文化論でもある。

なかでも数寄の芸術「茶」についての記述は注目に価する。ロドリゲスの活躍した時代は茶道が興りつつあった時代でもあり、彼の目には最も日本らしいものとして映った。利休七哲と呼ばれる人たちのなかには高山右近などキリシタンが多く、互いを大切に認め合う出会いの接点を茶のなかに見いだし、日本の文化・伝統の深さ、日本人の精神的内面性の豊かさについての深い洞察が記されている。ヴァリニャーノも礼法指針として茶の湯規則や心得を述べ、南蛮屏風にも多くの教会に茶室が描かれている。

『講義要綱』

現存するフロイスとロドリゲスの書は、一七四五年ころの写本が大部分を占めており、それぞれの著作の成立当初の姿をそのままとどめているかどうかの疑問も残るが、ゴメスのそれは、一五九三年筆写のラテン語原本そのものである。

イエズス会日本コレジヨの『講義要綱（コンペンディウム）』の存在がそのラテン語本とともに初めて紹介されたのは、イエズス会の歴史家でもあるシュッテ師の *Drei Unterrichtsbücher für japanische Jesuitenprediger aus dem XVI. Jahrhundert*, in *Archivum Historicum S.J.*, Vol. 8 (Roma 1939) と題する論文である。

現在、文書番号MS. Reg. lat. 426としてヴァティカン図書館に収められているラテン語本は、*Compendium catholicae veritatis, in gratiam Iapponicorum fratrum Societatis Iesu, confectum per*

Rdum. Patrem Petrum Gomezium Vice-Provincialem Societatis Iesu in provincia Iapponica（イエズス会日本人会員のためのカトリック教理要綱、日本管区管区長ゴメス神父による著作）という総題が付された、縦二五・二センチ、横一八センチの和紙に墨で書かれたマヌスクリプト（手稿本）である。

この『講義要綱』の寄贈者であるスウェーデンの女王クリスティナ(1626-89)は王位を賭してカトリックに改宗し、篤い信仰心と深い学識造詣から諸書を蒐集していた。これらの書物は、女王が故国からすべてを剝奪されてローマに隠棲した際、ヴァティカン図書館に収められ、Regina（女王）のコレクションと名づけられたのである。

ちなみにこの蒐集のなかには、マヌエル＝バレットのローマ字日本文で書かれた『サントスのご作業のうち抜書』のマヌスクリプトも収められている。

一方、『講義要綱』の日本語本は、『イエズス会日本年報』類の記述によって存在が想定されてはいたものの、もはや失われてしまったと思われていた。しかし、一九九五年春、一五九五年に成立した日本語本がイギリスのオックスフォード大学モードリン＝カレッジ附属図書館のChina部門のなかから発見された。

この日本語本は、縦二三・七センチ、横一八・九センチの和紙に墨で書かれたものである。ラテン語本の第一部を欠いてはいるものの、その第二部のff. 42-108にあたる*Breve Compendium eorum, quae ab Aristotele in tribus libris de anima, et in parvis rebus dicta sunt*と、ff. 122-432に

あたる *Compendium catholicae veritatis* がある。

この『講義要綱（コンペンディウム）』がどのような経過をたどってモードリンに収められるに至ったかは、残念ながら明らかではない。

ペドロ＝ゴメス

『講義要綱（コンペンディウム）』の著者ゴメス神父は、一五三三年にスペインのマラガ地方のアンテケラで生まれ、一五五三年一二月二一日、アルカラ＝デ＝エナーレスでイエズス会に入会した。一五五五年九月から一五六三年まで、一教程四年の哲学を二回ポルトガルのコインブラにおいて講義した。その間の一五五七年一月には Magister Artium の学位を受け、一五五九年には司祭に叙階された。

イエズス会の養成課程にしたがって神学を修め、ついで一五六四年夏から一五六七年、一五六九年から一五七〇年に神学の教授として講義を受け持った。一五六七年一月二五日に最終誓願を立誓、この年から説教師として活躍する。

一五七〇年六月一日、大西洋上に浮かぶポルトガル領テルセイラ島のアングラに赴き、優れた説教師として人々から高く評価された。一五七八年にインドへの派遣が決まり、翌一五七九年四月四日にインドに向けてリスボンを出発し、一五八一年四月、ゴアからさらに東アジア方面への旅を続け、一五八一年七月、マカオに到着した。一五八二年七月から一〇月にかけて日本へ最初の渡航を試みたが、台湾沖で遭難してしまい、いったんマカオに帰った。

一五八三年七月二五日、二度目の試みでついに日本に到着し、ただちに豊後の上長に任命された。一五九〇年からフランシスコの五代目の後継者として日本準管区長の職についたが、一六〇〇年二月二一日に長崎で死去した。

『講義要綱』編纂計画

『講義要綱（コンペンディウム）』編纂の計画は、先に記した一五八〇年一〇月、巡察師ヴァリニャーノが召集した豊後地区の協議会でコレジヨとセミナリヨの創設が決まり、コレジヨが府内に設置されることになったときにはじまる。これらの教育機関で用いられる教科書はヨーロッパのものをそのまま使用するのではなく、日本に適したものを新たに編纂すべきであるとの決定にしたがい、ゴメスにその執筆が要請されたのである。『イエズス会日本年報』によれば、一五八三年一〇月二一日に哲学の課程が正式に発足したことが記され、一五八四年一二月二〇日には『講義要綱（コンペンディウム）』の起草が伝えられている。

しかし、コレジヨは一五八六年の薩摩軍の豊後侵攻によりまず山口へ移転し、次いで一五八七年八月初めには豊臣秀吉の「伴天連追放令」のため平戸島生月を経て長崎へ、一五八八年には高来、千々石から有家へ、一五九〇年には協議会の開かれた加津佐へ、一五九一年には天草河内浦、一五九三年には大江、久玉を経て、一五九四年ふたたび河内浦へ移された。さらに一五九七年にはサン

-フェリーペ号事件にともなう迫害によって長崎のトードス‐オス‐サントスへ、一五九八年から一六一四年の徳川家康の「禁教令」による閉鎖までは長崎の岬の教会へと移転しており、創立以来西九州の各地を転々とした。

加えて、執筆に取りかからなければならないゴメス自身は一五九〇年以来準管区長の重責を負っており、そのため執筆もたびたび中断のやむなきに至っていたが、激動する政治状況と追放・迫害にともない、従来のような教会の巡視や信徒への司牧活動が十分にできなくなったので、不本意ながら生じた時間的余裕を執筆にあてることができるようになった。

『講義要綱』の完成

『講義要綱（コンペンディウム）』は一五九三年八月から一〇月末の間に完成したことが、一五九三年度の年報に記されている。さっそくその年のうちにペドロ＝モレホンが、天草のコレジヨでポルトガル人や日本人の神学生、宣教の場で働いている三〇人を越す日本人イルマンに講義したとも報告されている。

また、かつての天正遣欧使節の伊東マンショもローマ宛ての書簡で、「天草のコレジヨで管区長の『講義要綱（コンペンディウム）』を学んでいること、この『講義要綱（コンペンディウム）』は管区長自身が明瞭に理解しやすい文章で執筆し、日本の必要性に非常に適合したものであり、その講義を管区長は今年（一五九四年）からはじめ、さらにラテン語でも、日本語でも十分に説明できるパアデレが私たちの授業を担当してくださっております」と記している。

一五九四年度の年報には、コレジヨで約二年間を費やして『講義要綱（コンペンディウム）』の神学に関する部分を読み終えたこと、ラテン語をよく解さない日本人イルマンや日本語で説教しなければならないイルマンのことを考え、ゴメスはこれを日本語でも記すように指示したと報告されている。

ルイス＝フロイスは一五九五年一〇月付で認（したた）めた年報に、この年の初めに日本語訳が完成したこと、翌一五九六年度の年報には、『講義要綱（コンペンディウム）』を天草のコレジヨで日本人イルマンが学んでいると報告している。

ここで「イルマン」と呼ばれる人々は、ラテン語で『講義要綱（コンペンディウム）』の講義を受ける、コレジヨの本科生ともいうべき司祭養成コースの神学生だけを指すのではなく、宣教活動が始まってまもなくの早い時期にイエズス会に入会し、宣教の現場で、パアデレの補助者というより協力者として最も活躍している年長のイルマンたちをも含んでいる。そのなかにはセミナリヨで教師をした養方パウロ、ヴィセンテ＝とういんといった人々もいたはずである。したがって、日本人イルマンが学ぶ『講義要綱（コンペンディウム）』とは、ラテン語本そのままの翻訳や要約というよりも、日本の事情や要請に応じて編まれた日本語本『講義要綱（コンペンディウム）』と呼ぶべきものである。

ラテン語本『講義要綱（コンペンディウム）』は、ヨーロッパの高い水準を保ちながら日本の事情を考慮した優れた教科書であり、普遍的真理が日本という風土のなかで日本人に生きるものとなるように勘案されて編纂されたものであった。そのうえ、日本の言葉で編まれた日本語本『講義要綱（コンペンディウム）』を作製したことは、「すべて」というキリストの最後のメッセージを、武力による征服や支配ではなく、人と人、文化と文化との出会いのなかに生かそうとしたフランシスコの、祈りにも似た宿願の結実ということができる。

ヨーロッパにおいても、一五九九年になってやっと『イエズス会学事規定』(*Ratio Studiorum*)が制定され、以後これを基準にして整備されていくのであるから、イエズス会学校の教育制度は当時まだまだ試行期の段階であった。そうしたヨーロッパに先駆けて、極東の日本のコレジヨでこのような試みがなされていたのである。

五　ヨーロッパ科学思想の受容

重視された科学思想

『講義要綱（コンペンディウム）』は三部から成っている。第一部は、原著に表題は示されていないが、今日では「天球論」(De Sphaera) と呼ばれ、自然科学、特に天文学・地球論・気象学の諸問題を取り扱っている。

西欧においてイエズス会は、ルネッサンス期の科学的精神の作興にも寄与し、自然哲学・天文学など自然科学系の学問を重要視した。

日本においても、フランシスコ以来、日本人の宇宙、天文に対する好奇心や知識欲に明確に答えてきたが、『講義要綱』はこの要請に応じ、コレジヨという組織的な教育制度をとおして西欧のもっとも高いレベルの自然科学を詳細に紹介している。「天球論」は、一七五一年の奥書のある小林謙貞の『二儀略説』に逐語的な正確さの訳で伝えられている。

『乾坤弁説』

日本のヨーロッパ科学思想の受容は、亡くなった遠藤周作氏の小説『沈黙』でも有名になった沢野忠庵 (Christovão Ferreira, 1580-1650) によってその本説が著されたといわれる『乾坤弁説』をもってはじめとされてきた。

『乾坤弁説』は、弁説を付した向井元升の序によると、寛永二〇年（一六四三）、筑前大島に潜入捕縛された蛮僧破天連鬼理至端之徒の長老に天文に精通した者があり、この者が井上筑後守政重に天文書を献じ、井上筑後守が忠庵に命じてこれを訳させた。それは忠庵が死去した慶安三年（一六五〇）のことで、彼は題名をつけることなく死んだ。忠庵は蛮字で記していたので、のちに通事西吉兵衛が倭字に書き改めたという。

寛永二〇年、筑前大島潜入云々とは、アントニオ＝ルビノ（Antonio Rubino, 1578-1643）の第二の潜入にあたり、天文に精通した長老とは、ジュゼッペ＝キアラ（Giuseppe Chiara, 1601-1685）と推定される。彼は、『契利斯督記』、『査祆余録』、『西洋紀聞』などにも出てくるジョゼフ＝コウロ岡本三右衛門で、後に江戸・小日向の切支丹屋敷で転び、日本名に改名した人物である。

しかし、『乾坤弁説』に包含されているような科学思想は、すでに一〇〇年前のキリシタン宣教の初めから伝えられ、教理説明の重要な基礎手段とされていた。それは、フランシスコの書簡からもうかがうことができる。

フランシスコは、前にも述べたように、一五五二年（天文二一）にヨーロッパの会友に宛てて、次のように書き送っている。

日本人は、私の見た他のいかなる異教国の国民よりも、理性の声に従順な民族だ。非常に克己心が強く、談論に長じ、質問は際限がないくらいに知識欲に富んでいて、私たちの答えに満足すると、それをまた、他の人々に熱心に伝えてやまない。地球の円いことは、彼らに知られていなかった。そのほか、太陽の軌道についても知らなかった。流星のこと、稲妻、雨、雪などについても質問が出た。かくて私たちは、彼らのすべての質問に十分の答えを与えることができたので、彼らは大いに満足して、私たちを学者だと言う（書簡第九六）。

また、イエズス会総会長イグナチオ＝デ＝ロヨラにあてても、次のように述べている。

日本へ来るパアデレは、また、日本人のする無数の質問に答えるための学識を持つことも必要なことである。パアデレは、よき哲学者であることが望ましい。また、日本人との討論において、その矛盾を指摘するために弁証学者であればなお結構である。それから宇宙の現象のことも知っていると、ますます都合がよい。なぜなら日本人は、天体の運行や、日蝕や、月の盈虚（えいきょ）の理由を熱心に聞くからである。また、雨の水はどこから生ずるかの回答をはじめ、雪や霰（あられ）、彗星、雷鳴、稲妻など、万般の自然現象の説明は、民衆の心を大いに惹きつける（書簡第九七）。

日本人の自然観

この時代に日本人がいかなる自然科学的知識や思想を持っていたかといえば、体系づけられた理論や説明として、ほとんど何もみることができない。特に、「すべてのものは」という普遍的な把握のうえに立って本性を規定するという、統一的な思考を行う自然哲学や科学思想を形成するほどまとまっていなかった。

易の理論が陰陽五行の思想とともに伝えられ、蓋天説や渾天説も説かれていたが、日本では組織的理論体系の追求が行われず、地震・噴火・洪水・台風・旱魃などの自然の異変も、その原因への問いかけより、宗教的・政治的にいかなる意味を有するかが問題とされていた。また仏教の須弥山説も説かれ、仏僧たちは、この宗教的比喩を含む宇宙観をもって科学的世界像とし、ほとんど江戸時代後期まで、それを主張しつづけた。

さらに、日本人一般の自然観は、汎神論的に自然界のすべてに神々をあて、神々の振る舞いの結果が自然現象として現れると考えており、自然と人間の区別も不明確で、宗教的・倫理的な説明にとどまって、自然現象の理論的体系づけや原因の解明は行われなかったといわざるをえない。むしろ渡来した宣教師たちが、日本人の自然観・世界像をより体系的に把握している。それはさきに紹介したロドリゲスの『日本教会史』にみられる。

その第二巻第九章から第一六章までにおいて、日本人の天体観・自然観と、その源流となった中国人の宇宙観について詳しく紹介している。

すなわち、日本の科学知識や思想が独立した学問の形成を遂げるにいたらず、相当に高度の考察や観測を有しながらも、固定した儒教・仏教の宗教的・道徳的世界観を自然科学的世界像と混同し、天円地方説・陰陽五行説・須弥山説などをもって牽強付会したことを指摘している。さらに、学問研究がもっぱら宗教・倫理・古典に向けられており、実証的探求は「学」ではなく「術」であると軽視されている。特に天文暦学に携わる人々が世襲によって独占的に限定されており、しかもそれが卜占（ぼくせん）に堕したと述べている。

新しい西欧科学知識

『講義要綱（コンペンディウム）』によって伝えられた西欧科学は、日本の史料のなかにも見いだすことができる。例えば、天正遣欧使節を迎えた教皇グレゴリウス一三世は、クラヴィウスに命じてローマ以来のユリウス暦の春秋分の一一日間のずれを一五八二年に改めさせた。キリシタンたちは、この新しい暦を明治政府の太陽暦採用より三〇〇年も前に使用していたのである。

大阪の高槻で発見された文禄三年（一五九四）の祝日暦から、プティジャン司教による『天主降世千八百六十八年歳次戊辰瞻礼記』まで受け継がれ、パスクワ（復活祭）の算定はグレゴリウス暦で行われていたのである。実はラテン語本『講義要綱（コンペンディウム）』にこの暦法の原理と算定の方法が詳細に記されていたのである。

また、いわゆる都のアカデミアと呼ばれた南蛮寺において、「天球論」をとおして伝えられた西欧科学が講義されていたことは、後に江戸幕府の儒官の祖となる林羅山も『排耶蘇』に詳しく書き残している。

林羅山が、キリシタンは理気陰陽五行を知らずと批判しながらも、地球球体説の根源となる Impetus（地心までの落下）の理論を述べているのは、『講義要綱』だけが伝えた最も新しい西欧科学知識をここから得たからであった。

さらに、このころ南蛮寺にいたカルロ＝スピノラが一六一二年の月蝕をマカオにいたイエズス会士アレニ（Giulio Aleni, 漢名・艾儒略）の観測と合わせ、長崎を東経一二七度三一分、北緯三二度四四分と測定したこともコレジヨの学問教育の成果の一つであった。

これらは日本人の世界的視野を培うと同時に、日本人には希薄ともいえる実証的・科学的精神を養い、やがて近代科学の誕生を迎えるものとして貢献するところが大きかった。

和辻哲郎は「ただ一つの視野拡大の動きがあった。……根強く芽をふき出した合理的思考の要求こそ、近世の大きい運動を指導した根本の力」（『鎖国』）と評価している。

『講義要綱』第二部

『講義要綱』の第二部は、「アニマノ上ニ付テアリストウチリスト云天下無双ノヒロウソホノ論セシ一決ノ条々」と日本語本の表題にも明記してあるように、アリストテレスの『プシュケー』の注解というかたちをとり、アリストテレスの最も権威ある注解であるトマス＝アクイナスの *In Aristotelis Librum de Anima Commentarium*（アリストテレスの『霊魂論注解』）によったものである。

イエズス会の教育の指針によれば、哲学課程では論理学、存在論、認識論、自然哲学、形而上学、心理学的人間論、倫理学などが講じられなければならないが、日本のコレジョではそれを心理学的（Psychologia）人間論である「デ－アニマ」に集約して哲学的考察を完成しようとした。論を進めるにあたっては論理や認識にも触れ、方法論に取り入れ、自然神学や倫理とも関連づけるが、社会的な道徳的・宗教的な面からよりも、むしろ生物学的・心理学的側面から人間像を構築しようという姿勢が認められる。

人間は動植物とは質を異にする精神的存在（アニマ・ラショナル）であること、さらに人格性が宗教や道徳からだけではなく、不滅の存在であることを客観的に証明できることを示している。こうした姿勢は汎神論的な風土の日本にとって必要な問題提起と考えられた。

このような考え方は、前野良沢（りょうたく）が『管蠡秘言（かんれいひげん）』で、自然哲学を意味する本然学を展開するに際しての「気類活動、草木生発、蔵神含霊」という言葉にも、また、平田篤胤（あつたね）が『本教外篇』註に「生魂、覚魂、霊魂」によって人間存在を論証しようとした姿勢にも受け継がれたと思われる。幕藩体制の思想的支柱ともいうべき朱子学は、自然と人間を「天人一理」で説明しようとし、人間を独立した人格的存在とする考えは希薄と言えるが、時代とともに人間が禽獣とは質を異にする理由を明らかにしようとする人々が登場してくる。

封建的身分制度のもとに、政治倫理の儒学的表現をとるという限界を持ちながらも、人間の人格性への再認識の試みとなり、新しい人間観の展開、近代につながる人間尊重の系譜にもかかわったということができよう。

『講義要綱』第三部

第三部は、ラテン語本と同様に総題と同じ表題で、「日域ノ伊留満衆ニ対シテ大智広覧ノ師範日本ノヒセホロヒンシアル伴天連ヘロガウメス編立玉フ Catholicae veritatis ノ Compendio ヲ伴天連ヘロラモン日域ノ辞ニ翻訳シ訖」とあり、「真実ノ教」とも呼ばれている。この題辞のなかには、今までの年報や書簡では明らかではなかった日本語への翻訳者が、「伴天連ヘロラモン」（ペドロ＝ラモン）であることが明記されている。

また、本文中の「如何ナル時分ニデウス天地ヲ作リ玉フト云事ハ、……」という項に、「御出世ヨリ以来一千五百九十五年也」と日本語本『講義要綱（コンペンディウム）』の成立年を記しており、この年紀は上述した報告や書簡類のそれと一致する。

この日本語本の序には、「チリテンチノコンシイリヨ」（トレント公会議）について記し、そこで定められた「ヒイテスノ理ヲ編立玉フ書籍」、すなわちカテキスモをあげている。トレント公会議の議定をもとにしたキリスト教教義体系の概説である。

一五四五年から六三年にかけて三度召集されたトレント公会議は、それまでヨーロッパにおいても明確にされていなかったキリスト教思想を体系化したものであり、ゴメスはこのもっとも新しい高度な教義神学を倫理神学や修徳神学と関連づけ、抽象的な異端論駁（ろんばく）よりも、人間生活に生きた宗教性の理解への努力を試みたのである。

その四巻の内容を、「一、ヒイテスノアルチイコト云テケレトノ条々、二、十ケ条ノマンタメント、三、サカラメント、四、ヲラシヨノ上ヲ沙汰ス」と述べているが、これは一五九六年に出版されたキリシタン版であるラテン語本『ローマ－カテキスモ』の構成と一致する。

日本語本の本文に先立って置かれた「コンヘンチヨヲ五ニ分ル事」の項には、「一巻　ヒイテスノ上ヲ論ス、二巻　テウスノ御掟ノ十ノマンタメント、三巻　七ツノサカラメント、四巻　キリシタンノ上ヲ論ス、五巻　善悪ノ上ヲ論ス」とある。

本文の章題では、「第一ノハルテ　ヒイデスノ上ヲ沙汰スル四ツノタラタアト」、「二番メノハルテ　七ツノサカラメント」、「第三ノハルテ　十ケ条ノマンダメント」、第四は欠、「第五ノハルテ　善悪ノ上ヲ沙汰スル四ツノタラタアト」となり、ほぼ一致している。この第三部がCathechismus Tridentinusとか、De Theologiaとも呼ばれるゆえんであろう。

モードリン本は、「第四ノハルテ　キリシタンノ上ヲ論ス」、あるいは、カテキスモのオラシヨの部分を欠いている。これは意図的なもので、『講義要綱（コンペンディウム）』がヴァティカン図書館のラテン語本もモードリンの日本語本も『ローマ゠カテキスモ』に準じながら、日本に必要な問題を適切に提起していることを示している。

「第四ノハルテ」で述べられている「キリシタンノ上ヲ論ス」、あるいは「オラシヨ」をここに掲げなかったのは、逐語的翻訳というレベルをはるかに越えて、高い教養と学識を背景にした格調高い日本語によって新たに綴られ、すでに日本のヱケレジヤの霊性となっていた修養書『コンテンツスムンヂ』、『ぎやどぺかどる』、『スピリツアル修行』などがすでに存在していたからであろう。モードリン日本語本は、第五ノハルテの「四番メノカルチナルヒルツウテナルホルタレサノ事」の「第一　ホルタレサハ如何ナル事ソト云フ事」の章で終わっており、ラテン語本ではこれに第二から第九の章が続くのに、それがここでは欠けている。

『講義要綱（コンペンディウム）』については、一五九九年に司教のルイス゠セルケイラが天草を訪れたときには、コレジヨの学生たちに教えられていることが報告されている。

その次の記録としては、宣教師やキリシタンたちが大追放された後にマカオに移された日本管区の『蔵書目録』（一六一六年）に、*Compendium* が見られる。これが『講義要綱（コンペンディウム）』のことを伝える最後のものである。

ゴメスが第三部で述べた「神学」の思想は、その後の幕府の徹底した禁教・迫害のなか、教会や司牧者、典礼や秘跡もない極限状況に堪えながら、二五〇年間にわたってその命脈を保ち続けた。

「真実ノ教」

一八六五年（慶応元）のいわゆる「キリシタン再発見」がそれである。那覇で日本語の勉強をつづけながら日本への入国の機会を待っていたプティジャンは、一八六四年（文久四）に長崎に入った。そしてその年の暮れ、二六聖人に捧げられた外国居留民のための天主堂が完成した。長崎の人々はこれをフランス寺と呼んでいたが、翌年三月一七日、夜ひそかに訪れたひとりの婦人がプティジャンに「私どもは貴方さまと同じ心です」と告げ、「サンタ＝マリアさまのご像はどこ？」と尋ねたという。これが二五〇年間教会もなく、司祭もなく、秘跡も受けられず、見つかれば処刑の死が待っている潜伏キリシタンたちが心のなかにともしつづけた、キリストの生命が蘇ったいわゆるキリシタン信徒の再発見であった。これを支えたものは、かつてコレジヨで一六〇三年に刊行された『こんちりさんのりやく』をとおしてキリシタンの間に生き続けた愛と十字架の思想であった。イエズス会の学問、教育活動は、今日にまで続くキリスト教思想の連続性の原動力となった。

六　より大いなる道

御大切　フランシスコのヴィジョンと祈りをもってイエズス会士たちが育んだ日本のキリシタンには、「御主せず‐きりしとの御教へを心中にひいです（信仰）に受くるのみならず、言葉を以ても現はす人也」（『どちりなきりしたん』）という、自発的な意志から生まれた生活そのものの方向づけが求められた。

それは、「一には、ただ御一体のでうすを万事にこえて、御大切に敬ひ奉るべし。二には、わが身のごとく、ぽろしもを思へと云事是也」（『どちりなきりしたん』）にほかならない。Amor（愛する）とは、Taixet, vomoi（大切、思い）であり、デウスに対する御大切を第一とし、それを具体的に示すならば、「わが身のごとく」とまず自分自身に向けられ、さらにポロシモ（隣人）との出会いに深められる。人間が神の愛の創造の業によって Cague, utçuxi（似姿）として創られたもの、アニマ‐ラシヨナルつまり精神的存在であり、思いをもって進んで御奉公、御大切を尽くすことができ、そこでペルソウナ（人格神）としての神との出会い、永却不退の生命にあずかるガラサ（恩恵）に満たされる。

日本人に希薄といわれる人格の尊厳の意識がここで強調される。自己を深めることのできる人のみポロシモを思うことができ、まことにポロシモを思うことに努めることが、そのままわが身をも深めることにつながるのである。このわが身とポロシモへの大切が一つになるとき、それがそのままデウスへの御大切を尽くすことになる。

「貧人に対してしける事は、すなわち我にしける也」（マタイ二五・四〇）として、自己の成聖へ進むキリシタンはマンダメント（掟）にしたがい、「慈悲の所作」に努めるのである。すなわち、色身にあたる七つとして、飢えたる者、渇したる者、膚をかくしかぬる者、病人、行脚の者、とらわれ人、死せる者への善作を、またスピリツにあたる七つも、人によき異見を、無知なる者に道を、悲しみある者へなだめを、折檻すべき者を折檻し、恥辱を堪忍し、ポロシモの不足を赦し、われに仇なす者のためにデウスを頼めとすすめ、ヒイデス（信仰）・エスペランサ（希望）・カリダアデ（愛）をあげ、なかんずく、カリダアデを万事にこえてデウスに対し奉りて大切に思う善と教えている。

この御大切を実践をもってみごとに証明したのが、まるちりよ＝殉教である。

殉教

キリシタンは殉教のことをマルチリヨ Martirio, 殉教者をマルチル Martir と呼んだが、μάρτυς を語源とし、証人、Xoconin, Deusno gofoconi taixite caxacuuo vqe, inochiuo sasagueraretaru jennin（証拠人、デウスの御奉公に対して呵責を受け、命を捧げられたる善人／『羅葡日対訳辞書』）、すなわち愛の証（あかし）を意味した。

「知音（友）ニ対而命ヲ捨ヨリモ勝リタル大切ナシ」（ヨハネ一五・一三）というキリストの言葉は、ただ教えられただけではなく自ら身をもって実行された。それが御ぱしよん Passion（受難）であり、クルス Cruz（十字架）をもって示された御大切である。

キリシタンもキリストとその知音（友）のために生命を捧げる以上に大きな愛はない。進んで死を受けた師に弟子が似るものとなり、血を流すことによってキリストにあやかるものとなることを、最大の愛の証としたのである。

禁教・迫害の嵐は多くの殉教という悲劇を生んだが、その数について正確な統計をつくることは不可能に近い。キリスト教の歴史を振り返ってみても、ローマの迫害以来、特に近世に至ってから日本ほど殉教者を出した国は他に例を見ないだろう。処刑の方法も時とともに残虐さを加え、キリシタンをただ抹殺することよりも転ばせること、民衆にキリシタンへの恐怖と嫌悪を感じさせることがもくろまれた。

殉教は一五九七年に長崎で行われた二六聖人の処刑にはじまるが、これは逆にキリシタンたちの信仰を高揚する結果になったので、江戸期に入ると、できるだけ死を長引かせ、苦しみを多く与えることによって転ばせるか、民衆に対して恐怖の見せしめにする処刑の方法へと変わっていき、最後には穴吊るしにまで至った。

殉教者

しかし、このような迫害下にあっても庶民のなかには、キリスト教の根本的な態度、愛そのものである神へのあますところのない人間の誠（まこと）と愛の証（あかし）、すなわち全存在・生命をも捧げたいという切なる祈りが生き続けていた。

五〇年を超える徹底的な弾圧の年月と、四万人と推定される殉教者の数は、一時的な熱狂や盲信として片づけられるものではない。迫害の責め苦と残虐さに、人は本能的に生命に執着したであろう。長い迫害の間に、幕府は棄教の機会を十分に与えている。幕府はキリスト教の持つ根強さを知ったからこそ、江戸時代を通じて宗門改めを、さらには四親等内の卑属とその直接の縁者におよぶ類属をまで取り締まったのである。殉教者は、ただいあわせたばかりに泣きながら死んでいった悲劇の民衆であるということはできないし、また同じ信仰は二〇〇年間厳しい弾圧のなかに潜伏し、教会も司牧者もなしに命脈を保ち続けた。

「マルチレスノ御血ハキリシタンダデノ種子ノ如也」（『丸血留の道』）として、『マルチリヨの心得』には、「一には、丸血留になる為にはしつ（死）の事肝要なり」と、人間が生命を捧げつくすこととしている。

「二には、害せらるゝ者、知恵分別ある者ならば、其成敗を辞退せず、心能く堪忍致して受くるに於ては丸血留なり」と、たとえいかなる不正義であってもそれに対して戦ってはならない、その悪をもクルスとしてキリストとともに自ら担う愛でなければならなかった。

「三には、死罪に行はるる題目、キリシタンなりとて成敗せらるるか、亦は善を勧むるとてか、悪をせざるとて害せられれば、是も丸血留なり」と、政治的な理由ではなく、あくまでも信仰や道徳のためでなければならなかった。

愛の証「まるちる」

キリストにあやかって生きようとした日本のエケレジア（Ecclesia）は決して戦うことのない教会であった。キリシタンたちは、キリスト御自身、人間が神にかかわって正義を行うことを望み給はなかったと理解し、神の正義のためにと称して、武器をとって抵抗したり、不正な敵対者を裁こうとはしなかった。キリストと同じように御大切のためにすべてを捧げつくす、それが愛の証「まるちる」（殉教）であった。

わずか六〇年ほどの宣教活動でしかなく、しかも確固とした教会の組織もなく、また極限まで追い詰められたなかで、キリスト教の本質をクルスにおける御大切として受け止め、それを生き抜こうとしたのである。

それは、殉教の覚悟とその準備に怠りなかったキリシタンたちが唱えた祈り、「如何ニ御主ゼズ＝キリシト、我レハ御前ニ於少ノ功力モ無ク、拙キ悪人也ト雖、数限無ク子へ被下レシ万ノ御恩ノ御礼ヲ申上奉ラントスルニ、心モ言モ絶果也。ワキテ御パシヨノ御礼ヲバ、何ト様ニ申上奉ベキヤ」、「扨モ……皆悉ク御身ニ捧奉ラント存ル也」（『丸血留の道』）のなかによく表されているといえるだろう。

そして、この祈りこそ、イグナチオの『霊操』の完成ともいえる「愛を得るための観想」（二三〇）の精神であり、奉献の祈りである Sume et suscipe, Domine, すなわち「主よ、願わくはわが自由を受け入れ給え。わが記憶、わが知恵、またわが意志をことごとく受け入れ給え。わが持てるものはみな主の賜物なり。われはすべてを主に返し、主の御旨のままに捧げ奉る。ただ主の聖寵とともに主の御愛をわれに与え給え。さらばわれは満ち足りて、他に何物をもあえて願わじ」にほかならない。

七　潜伏と復活

キリシタンは、厳しい禁教と迫害のもとに潜伏せざるを得なかった。常にまるちる＝生命の危険にさらされつつ、転ぶことなくその精神を継承した多くのキリシタンたちがいる。

「こんちりさん」の思想

このキリシタンたちは、根本的なキリストの方向づけをそれぞれの人間性の問題として二五〇年間保ち続けた。これこそ、日本に根づいたキリスト教思想と評価されるべきであろう。それは、「こんちりさん」の思想と呼ばれる。

本来キリスト教においては、すべての時代を通じて人々に神の教えを伝え、救いの恵みを分配するために、エケレジヤ Ecclesia がある。信徒の集まりはキリシタンダデ Christandade であり、エケレジヤはその組織された共同体のことをいう。使徒以来の教導（どちりな Doctrina）、秘跡（さからめんと Sacramento）、そして司牧によってキリシタンたちを生み、養い、導く「サンタ－マアテル－エケレジヤ」（聖なる母である教会）である。

このキリストの教会が成り立つための不可欠な要素の司牧と秘跡は、日本の場合、宣教の初めから急速な発展に対して十分に追いつけなかった。

さらに禁教・迫害期になると、教会もなく、司祭もなく、秘跡も受けられないきわめて困難な条件のもとで、キリストの生命を誤ることなくそれぞれの心に生かすものは何であるかを考えざるを得なかった。

「こんちりさん」Contriçãoとは、「こんひさん」Confissão（告白）の秘跡に属する特殊なケースである。キリシタン版として初期に出版されたもののうち、『心霊修行』、『サルバトールムンヂ』、『ぎやどぺかどる』、『スピリツアル修行』などに秘跡としての「こんひさん」は十分に説明された。「こんちりさん」については、『どちりなきりしたん』で、「科はでうすに対し奉りての狼藉なるによて、それを悔ひ悲しび、以後二度犯すまじきと思ひ定め、やがてこんひさんを申べき覚悟をもて科を悔ひ、悲しむ事、是こんちりさんとて、科を赦さるゝ道也」と述べているにすぎない。しかし、一六〇〇年版の『どちりなきりしたん』になると、こんちりさんの部分が大幅に増補改訂され、初版には見られなかった「こんちりさんとは何ぞや」の問答が新たに加えられ、さらに一六〇三年には『こんちりさんのりやく』が印刷出版された。

ほとんどがヨーロッパのキリスト教書の訳であるキリシタン版のなかで、この書は日本のキリシタンのために、日本で記されたものである。

『こんちりさんのりやく』

この「こんちりさん」の思想が何をめざしているかをたどれば、第一の心得として、「でうすは御憐み深くましくます、我等人間の御親なるがゆゑ、いかなる罪人も其科を悔いかなしみ、悪をあらため、善に帰してたすかれかし、と思召すのみなり」と神の善性の問題から出発している。さらに第二、第三、第四の心得として以下のように続いている。

「第二の心得といふわ、人あるいわ病気におかさるるか、あるいわぢんとうに赴くか、あるいわ船渡りをするか、いづれにてもかくご命あやうく事にかからん時……、こんひさんを申さばやと望めども、こんゑそうるなきにおいてわ、……」

「第三の心得……まづひいです堅固なくしてかなわん事也」

「第四の心得……まづでうすの御内証を深く頼しく存じ、ぜずすの御内徳に深く頼みをかけ奉るべき事肝要也」

さらに、「こんちりさんの心あてといふわ、科ゆへいぬへるの（Inferno 地獄）に落つべき事をかなしむにもあらず、又わ科ゆゑぱらいその快楽をうしのふべきといふ事をかなしむにもあらず。其外身の損失をかゑりみてかなしむのみにもあらず。第一歎きかなしむべきあて所といふわ、人に心身にこれを万事にこゑて、心のおよび力をつくして御大切におもい奉るべき、広大無辺の御主でうすを限りなく嫌いたもふ科をもつてそむき奉りし所を、第一に悔いかなしむ事」と述べ、自らの罪への痛悔や、償うということだけでは十分ではないと教えている。

「始め終りをましまさんでうすの御前にて、はがりなき無慙の身として、罷出べき功力なしとわいへども、はがりなき御慈悲に頼みをかけ、諸悪の綱にからめられながら、ただいま御前にいで奉る也。さても御身わ、始め終りなき無辺広大の御主に、きわまる善徳の源様にてましますに、我等にあたるゐ下されしあつき御恩のかずかず、まことに際限なければ、万事にこゑて深く御大切に存じ奉りし事こそ本義なるべき」

罪の赦しを願い、ぱらいぞ（天国）に行き、いぬへるの（地獄）の罰から逃れたいというのではなく、キリストが血、すなわち愛をもって人間のすべてを担ったという「御大切」に自分をどう位置づけるかということからはじまる。

「我等にあたるゐ下されしあつき御恩のかずかず、まことに際限なければ、万事にこゑて深く御大切に存じ奉りし事こそ本義なるべき、さわなくしてかへりて罪科のつみとがの色品をつくしてそむき奉るわが身なれば、いまさら其御赦免かうむり奉るべき身にわあらずとわきまへ奉る也。……深く御誦じ奉りし事、あながち後生にてわおくべき苦患におそれての事にもあらずとわきまゐ奉る。ただひとゐに御大切にわもやうされ、御威光、御善徳ばかりましまさん御身をそむき奉りし事をかなしみ申もの也。……ぜずすの流したもふ御血の御奇特と、御身の御深き憐みに頼みをかけ奉りて、……われ此功力におよばざれども、御子一分に二たび召しくわゐさせたまへ」

日本司教プティジャン

この「こんちりさん」の思想はキリシタン時代にすでに深く根を下ろし、以来江戸時代二五〇年の弾圧時代を経て明治に至るまで伝えられた。

一八六五年、パリ外国宣教会のプティジャンと潜伏キリシタンとの出会い、すなわちキリシタンの復活は、それを如実に物語るものである。

天主耶穌降生後一千八百六十八季
日本慶應四年歳次戊辰八月
刊布免許
聖教初學要理
日本 司教 伯爾納鐸

プティジャン版
上智大学キリシタン文庫蔵

先に引用した一六〇三年刊の『こんちりさんのりやく』の刊本は現存しない。しかし、写本となって潜伏キリシタンの間に伝承され、再渡来後の一八六九年（明治二）に日本司教プティジャンによって再版された。

プティジャンは、「窃に遺れる切支丹の子孫の中に唯此こんちりさんの略のみ誤りなく写し伝へて秘蔵せるを見出しぬ」と題言を付し、キリシタンの間に生き続けた「こんちりさん」を秘密裡のうちに出版した。

その後、明治新政府によってキリシタン信徒が捕縛され、太政官達で諸藩に流配された者は三三八三人にのぼる。これがいわゆる「浦上四番崩れ」で、流された人は長崎浦上だけのキリシタンの数である。

キリシタン信徒再発見の段階で、二五〇年間誤ることなくキリストの御大切を保ち続けたキリシタンの子孫たちがどれくらい存在したのか、明確にはわかっていない。一八七八年のパリ外国宣教会の報告によれば、長崎を含む南緯教会の信徒数は一万七三八〇人で、続いての統計を見ると、年に一〇〇〇人前後が増加している。おそらくキリシタン信徒再発見のときには、一万人以上と推定できる。

愛のしるし

彼らはふたたび母なるエケレジヤに復帰する。より頼むべきエケレジヤもなく、秘跡も受けられず、常に「まるちる」の危険にさらされながら、二五〇年間キリスト教の本質が失われることなく復帰できる内容を維持できたことは、世界のキリスト教史の上でもほかに例を見ない事実である。

この「こんちりさん」の思想は、「まるちる」のそれと本質的に同じもので、「まるちる」は肉体的に生命まで捧げるという愛の証であり、「こんちりさん」は極限的に追い詰められた状況下に生涯を貫く生活態度として、キリストの教えをクルスにおける御大切として自己自身の中に生かさなければならない、これもまた愛のしるしと言えよう。

「永遠の生命」

キリスト教の本質とは、まさにキリストに似たもの Christão キリシタンとなり、愛と十字架（クルス）の思想を体し、いかなる風土、歴史、伝統、どのような状況下にも生き続け得るものこそ Catholicitas（普遍性）であり、多様性の根底に生き、人間存在の究極的な愛そのものの神の前における位置づけを示すものとも言えよう。

キリシタンにとって御大切に生きるということは、愛なる神との一致がすべてであった。それはたとえ限りない呵責（かしゃく）に遭い、生命をいたす（死）としても、すべての終わり、破滅ではない。死が人生の終わりではなく、より確かな「永遠の生命」のはじまりとなる。それは Paraiso パライゾ（天国）であるが、場所よりも完全なゴロウリア（栄光）の状態を意味している。神の子としての人間が父の家に入り、キリストのゴロウリアと御大切にあずかることである。そこでこの世における善作によって、また、捧げたパシヨンやクルスに対して不退の御報が与えられる。すなわちこの世においてつくした愛によって深く神の愛にもあずかるわけである。

キリシタンにとって師、御主キリストが歩み給うたように、御パシヨン、クルスのないよみがえり、ゴロウリアはあり得ない。

パシヨンだけに終わるクルスはない。クルスは御大切がある限り、必ずよみがえりであり、それは「永遠の生命」である。それは時間的・段階的経過ではなく、クルスそのものがキリシタンにとってゴロウリアである。

「まるちる」という苦しみの後に快楽のパライゾ（天国）が与えられるのではなく、御大切のために証として生命を捧げることそのものが「永遠の生命」へのよみがえりである。そこは完全な愛の充実である。「こんちりさん」のオラショは、目に見える救済をもたらしはしなかった。苦しみや弱さのゆえにキリストとの一致をひたむきに生き抜くことが、その人格性をより深い御大切に導いたのであった。

過酷な迫害のなかで二五〇年間生き続けたヒイデス（信仰）とエスペランサ（希望）は、カリダアデ（愛）に根ざしている。

*

日本と出会ったヨーロッパの宗教性には砂漠的超越性、絶対者人格神が色濃くにじんでいることも事実であり、当然である。しかし、キリスト教が一つの民族性やある風土性の所産ではなく、世界性・普遍的なものを宿し、目指しているからこそ、いかなる歴史・伝統のなかにも生きることができ、維持され得るはずである。

超越的絶対者は、確かに自然との隔たりさえ意識しがたい日本人にとってはなじみにくいものでもあるだろう。

しかし、超越神であるがゆえに内在神でもあり得る。上からの裁きや導きから直截なたすかりとして見えなくても、御大切そのものであるデウスが生命として己にかかわり、キリストが正義の裁きより、苦しみ、罪悪をさえともにクルスとして担った親身さを自らのなかに生き方とするときに、日本人の深い人間性はキリスト教的宗教性でもあり得たはずである。それは、キリストにならったフランシスコの生き方そのものであり、また、いまも出会いのなかに生き続けるキリシタンの生命である。

「完全なる愛の祈り」（聖フランシスコ＝ザビエル）

おお神よ、われは御身を愛し奉る。

わが御身を愛し奉るは、御身がわれを救い給うためにはあらず、
御身を愛せざる者を、永遠の火に罰し給うがためにもあらざるなり。

わがイエズスよ、御身はわが受くべき罰のすべてを、十字架上にて受け抱き給えり。

くぎ付けにせられ、槍にて貫かれ、多くの辱めを受け、数限りなき御痛手、御汗、御悩み、
しかして、死までもわがため、罪人なるわがために忍び給えり。

されば われ、いかで御身を愛し奉らざるべき。

おお、至愛なるイエズスよ、天国にわれを救い給うがためにはあらず、
とわに罰し給うためにもあらず、何らの報いを希望するにもあらざるなり。

ただ御身のわれを愛し給いしごとく、われも御身をとわに愛し奉る。

そは御身ひとり、わが王にましまし、わが神にてましませばなり。アーメン。

ACTUS PURI AMORIS *(S.Francisci Xaverii)*

O Dus, ego amo te!
Nec amo te ut salves me,
Aut quia non amantes te
Aeterno punis igne ;
Tu, mi Iesu, totum me
Amplexus es in cruce.
Tulisti clavos, lanceam,
Multamque ignominiam,
Innumeros dolores,
Sudores et angores
Ac mortem, et haec pro me,
Ac pro me peccatore!
Cur igitur non amem te,
O Iesu amantissime,
Non ut in caelo salves me,
Aut ne in aeternum damnes,
Nec praemii ullius spe,
Sed sicut tu amasti me ;
Sic amo et amabo te,
Solum quia Rex meus es,
Et solum quia Deus es!
Amen.

III　キリスト教と日本

一　日本とヨーロッパの出会い

フランシスコを最果ての日本にまで赴かせたキリストの「往きてすべての民に」という呼びかけは、「すべてにおいてすべてになりたもうた」キリストを歴史のなかで「証す」ことである。上からの権力による支配や画一化ではなく、個人、民族、文化をそれぞれ個性的に生かしつつ、より深く出会い、もっとも人間的でありながら、同時に人間の限界を超える豊かさ、深さとして生きるキリストの生命に、神の民・人類が結ばれて生きることを意味する。そしてこの愛のみ業(わざ)への参与は「邂逅(かいこう)」、人格的出会いの場においてはじめて実を結ぶものであろう。

日本の精神的風土とキリスト教の問題は、西欧世界に育ったキリスト教をいかに日本に移し植え、教えを広めるかという狭義の宗教史の立場からだけではなく、人間の営みとしての西欧全体と日本の出会いの流れのなかに、「すべて」を生かす歴史の中心であるキリストの生命を見いださなければならない。そこで同質の拡大の過程ではなく、異質性を明らかにする比較文化を前提に文化接触、すなわち、出会いの問題として考察を進めたい。

トインビーは、示唆に富む論を提示する。「異質な文化が出会うとき、一つの文化からその一部を切り離してこれを持ち込むほうが、その文化全体よりも抵抗にあうことが少なく、それだけ速く浸透しうる」(*The World and the West*, Chap. 4)。そして、この例証として、一六、七世紀と一九世紀明治の日本とヨーロッパの出会いを、次のように比較する。

未知の宗教と未知の技術

一六世紀にポルトガル人がはじめて極東に現れたとき、この西欧の侵入者(Western intruders)は、日本からは一七世紀に、中国からは一八世紀に追放された。しかし、彼らは一九世紀にいたって再び立ち戻り、今度は西欧的な生活様式を導入することに成功した。この極東への西欧の二回にわたる試みで一度は失敗し、その次には成功したということは、どのような状況の変化によるものか。

一つの相違は技術的なものである。一六、七世紀には、西欧の船や武器は、極東のそれと比べてみてもそれほど優れていたわけではなかった。そのため極東が絶縁の態度を決定したときも、西欧はどうすることもできなかった。しかし、一九世紀に再び現れたときには、産業革命を経過した西欧は圧倒的に優位に立っており、極東は西欧の技術による挑戦に対して、門戸を開かないわけにはいかなかったのである。

明らかに西欧を避けたがっていた二回目の接触で、結局西欧的な生活様式を受け入れることになった。むしろ歓迎し、興味を抱いていた一回目の接触で西欧を追放することになったのは、極東に対して行われた西欧の挑戦が、一九世紀には西欧文明は極東の人々になによりも未知の技術（切り離された文化の一部）として受け取られたのであり、一六世紀には文化全体としての未知の宗教であったのである。

もちろん外来の技術の採用も、そのおよぼす影響は表面だけにとどまらず少しずつ内部に浸透していき、やがてそれまでの伝統的な文化全体におよぶこともありうる。

しかし、文化全体としての宗教は、技術のようにさしあたり生活の表面に作用するだけでなく、直接にその生活の根源にかかわるものである。したがって、一部としての技術よりも激しい抵抗にあうのは必定であろう。

文化接触における受容の形態

ヨーロッパと日本という場合に限らず、二つの異質な伝統を担う文化が出会うとき、そこに生じる種々の反応はそれぞれの歴史に足跡を刻むものである。この文化接触における受容の形態をまず三つに分けてみよう。

第一に、接触する二つの文化が互いにみずからの独自性を失うことなく、また出会った文化の歴史と伝統に生きた固有の言語・習慣・思惟方法を尊重しつつ、互いによりよいものを与えあう「交流」という型がありえるだろう。それは、人類の普遍性を基盤に、互いを認め合うがゆえに、多様性・独自性が失われることなく、むしろ、より生き生きと個性的発展を促進しうるような出会いであり、「懸橋（かけはし）」の結びである。

このような邂逅（かいこう）は歴史の完成ともいうべきもので、人類は、歴史をこの完成への営みに方向づけようと努めつつも、いまだに混迷にあえいでいる。この理想が、文化接触として、人類の本来あるべき姿であるという意識として目覚め、ただ全体を強く画一的に統一するという世界の把握を越えるところに現代の未来への息吹きがあるといえよう。

第二は、過去の歴史にもっとも多くみられる型で、出会った二つの異質な文化の間に南北的な大きな開きがあるとき、より先進的な文化が、新しく発見したものをほとんど飲み込んでしまう場合である。圧倒的な優位によって、一方的影響がやがて政治的・領土的支配、あるいは精神的・文化的植民化におよぶことがある。この「植民的支配」とも呼ばれる同質的拡大は、近世初頭の大航海時代的ヨーロッパの世界進出に多くみられるものである。

第三の型は、さきの理想的交流にはおよばないが、一方的植民支配にも属さない型である。一六、七世紀の日本が、数少ないこの型の例である。確かにヨーロッパに出会い、ヨーロッパを受け入れた。そこで互いの独自性を尊重しつつ交流する段階にまではいたらなかったが、多くを理解し、あくなき興味と広い受容力を持って出会っている。しかも、決定的な植民支配にも陥らなかった。結果的には、後に日本で「鎖国」と呼ばれる閉鎖的態度が打ち出された。

「鎖国」とは、それ自体が接触・交流の不在を意味するものであるが、それは決してまったく受け付ける余地なく拒み通したという、理解以前の拒絶ではない。むしろ接触した新しい文化を拒絶するだけの能力を有し、ある高度の外国知識を形成したがゆえに生じてきた姿勢である。

交流にまで完成する認識と勇気に欠け、植民的支配の影におびえて閉ざしてしまう結果になった。新しいものへの興味が、理解が深まるにしたがってそこでは異質性の認識となり、政治・軍事・経済などの複雑な関連から、閉鎖的判断が兆(きざ)してきた。この場合、結果的に閉鎖が行われても、まったくの無知と断絶を意味するものではなかった。あえて閉鎖に踏み切るまでに、高度の受容と理解とがあり、一度植民的支配を恐れて閉鎖しながらも、断念した海外への興味と関心が常に躍動しており、閉鎖世界内部の歴史展開にも種々の作用をなし続けるものであった。

日本の近世における鎖国と呼ばれるものも、ヨーロッパとの文化接触によって異質な文化を理解、把握したことによって生じた閉鎖への選択であったといえよう。事実、厳密な意味でのヨーロッパを断絶した時期はごく短い期間であり、直接にはオランダとの小さな窓口から、また間接には漢訳されたヨーロッパ紹介の中国書を通じて、鎖国という「建て前」のもとにも、ヨーロッパへのあくなき興味と新しきものの受容は継続した。また、いわゆる「鎖国」という言葉も、一九世紀のはじめになって、志筑忠雄が、一六九〇年から三年三カ月長崎に医師として滞在したケンペルの、「自国をまったく閉ざし、未来永劫之を守衛して、異人の一人をも之より除きて拭うが如くに掃き浄むること、是れ此国の政治の形にして……」という論を、鎖国論と名づけたのに始まる。

すなわち、鎖国という言葉や意識は、むしろ開国が迫られ論じられるころになって、対比的に称されることになったものである。したがってこの閉鎖の姿勢とは、常に外への意識のうえに立ったものであり、たんに無縁や断絶だけを示すものではない。

この第三の型にみられる日本の反応――閉鎖的姿勢を、さらに三つの要素――受容・触発・拒絶に分けることができるだろう。それは時間的段階としてではなく、質的な要素である。

(閉鎖的姿勢における)受容

受容とは、日本がヨーロッパを進んで受け入れた部分である。それは後年「種子島」と呼ばれるようになった鉄砲など、実際的技術の面にとどまらず、その根本となる科学思想、すなわち実証的・合理的な精神そのものであり、蛮学あるいは南蛮学と後に名づけられるこの受容は、蘭学・洋学への系譜を通じて、明治近代化への底流となる部分である。

一五四三年（天文一二）、種子島に漂着したポルトガル人がもたらした鉄砲は、戦国末期の日本の戦術に一大変革をもたらした。騎馬武者の一騎打ちから、鉄砲を持った足軽の集団戦法が戦いを決することになった。一五七五年（天正三）の長篠の戦いで武田勝頼を壊滅させた織田信長の勝利は、近世的封建的統一国家形成への端緒となった。

鉄砲伝来についての経過はよく知られるところであるが、鉄砲をこれほど短期間に、またこれほど多量に製造できた国は日本だけであったということは、受容のレベルの高さを示している。さらに戦国末期には質、量ともにヨーロッパを凌いだと言われる鉄砲を幕藩体制成立とともに政治の統制のもとにおき、武器としての進歩を抑え、徳川二五〇年の戦いのない時代を生んだ日本独特の歴史的展開も注目に価する。

鉄砲が、ヨーロッパ科学の技術的側面に接触した最初の例であるとすれば、科学思想、とくに実証的合理的精神による科学体系としての宇宙論は、接触した最初の理論的側面であった。これらはキリスト教的な表現を用いない限り、鎖国の間にも新しく受け入れられ、封建的幕藩体制の枠内にあっても、役立つものである限り育成することもできたのである。そして公に、また独創的な大きな発展こそはみられなかったが、いわゆる鎖国下の二〇〇年間にあたためられ、一般にも広く浸透したこの受容は、明治において産業革命の経験なしに、一挙に重工業化へ飛躍する素地をはぐくんだともいえよう。これらの点については、第II部の「五　ヨーロッパ科学思想の受容」で紹介した。

触発

触発とは、日本の受容がヨーロッパそのままの形で影響を残すのではなく、受容したものが刺激となり、触発された形で発展していく部分である。

受容と拒絶は概念としては直截簡明ではあるが、高度に複雑な人間意識の織りなす歴史の綾（あや）は、そのように単純に割り切れるものではない。新しいものとの出会いが、受け入れたもののなかで刺激として触発され、変容し、定着していく部分こそ歴史の変遷にもっとも大きな役割を占める底流でもあろう。それは出会いにおいて、触媒的な作用によって新しい意識、あるいは在来の伝統や意識が触発され、生き生きと歴史のなかに生き続けるような形で次の世代を生んでいくという、展開の流れである。

この触発された部分とは、「人間そのもの」に対する考え方であった。フランシスコが人間は肉体とアニマ-ラシヨナルから成り、アニマは人間の生命と人格性の非物質的原理と説いたことに始まり、ヴァリニャーノは『日本のカテキスモ』(*Catechismus christianae fidei, in quo veritas nostrae religionis ostenditur, et sectae Japonenses confutantur*)の冒頭において、「人間には光に似た理性がある。……人間は生命と感覚の外に、精神的知性と呼ばれるものを持つ」知的人格性を強調した。これらの問題意識が、人間の知性はこれによって事物の相違を把握し、判断するように照明されている。もっとも基礎的にしかもヨーロッパと同じレベルの学問として結実したのが、第II部の「五　ヨーロッパ科学思想の受容」で触れた、イエズス会日本コレジヨの『講義要綱』の第二部「デ-アニマ」であり、ヨーロッパの日本に対する触発的契機といえる。その流れは一六〇五年(慶長一〇)不干ファビアンによって著された『妙貞問答』におよぶ。林羅山をはじめ、多くの人々の目にもとまり、新しい人間像は一般にも広がりを持つようになった。

一六世紀のヨーロッパにおけるイエズス会の教育活動、また学問に対する姿勢は、ルネッサンスの人文主義の大きな胎動のなかに、常に伝統を守りつつ新しい時代に即し、さらに将来に向かっての道標を目指した。

そのキリスト教的ヒューマニズムにもとづく合理的実証的探求、また人間の独自の人格としての尊厳と人間尊重の思想が、そのもっとも新しい方向づけで日本にもたらされ、高度の知識として伝えられ、日本という長い異質な文化と伝統のなかに芽生えていった。

この「デ－アニマ」においては、とくに人格の独立性、人間性のもつ尊厳が、「人間そのもの」として強く訴えかけられており、社会的・道徳的な面からの人間像の探求よりも、むしろ生物学的・心理学的な面から出発して、冷静すぎるほどの目で人間存在とその属性を科学的客観的に凝視しようとした。

「人間そのもの」への開眼は、しばしば政治道徳的色彩を帯び、自然法則と人倫との混同の渦に巻き込まれながらも、江戸時代を通じて市井の教訓のなかにも、あるいは幕藩体制の御用教学としての朱子学をはじめ古学や陽明学、さらには国学にまで、人間意識の発展の刺激として人間尊重思想の端緒を開いた。

朱子学を教化政策の基幹としながら、江戸時代の人間観はさまざまな展開をとげる。そして、西川如見の「畢竟（ひっきょう）人は根本のところに尊卑あるべき理なし」とか、荻生徂徠（おぎゅうそらい）の「茫荒の世は只畜類の如くに候へど」にみられるように、人間が動物と異なるゆえんを「相親、相愛、相輔是所謂仁也」と結ぶようになってゆく。中江藤樹、山崎闇斎、熊沢蕃山、山鹿素行、伊藤仁斎、新井白石、三浦梅園……というように、言葉と形は異なりながらも人間性というものへの再認識・再確認の試みが、中世・戦国時代とは別の形で生じてきた。

確かに中江藤樹の説くところが孝であり、荻生徂徠の教えが仁であるように、常に道徳問題と絡んだ全人的把握ではあるが、そこには人が禽獣(きんじゅう)とは質を異にする人格であり、独立した精神的機能を持つ存在であることが人間尊重の系譜として現れている。「足るを知る」封建的身分制の枠のなかにも、「人間らしくあろうと努力し、それを促し、基礎づけ、方向づけたりする思想をもっていた。江戸時代の日本人にも、西欧的なヒューマニズムとは必ずしも同一ではないが、人間尊重思想は存していた」と高坂正顕氏も述べている。

それは、情緒的主情主義的であり、自然主義的であり、没我的犠牲的であり、合理性・人格性、自己の尊厳、自由についての意識はまだまだ希薄ではあるが、確かに人間性の発展、人間尊重の系譜として明治人につながる要素であることも指摘されている。

「デ・アニマ」に、キリスト教的教訓や道徳的問題が、すべての人間に共通な倫理として取り扱われるのでなく、むしろ科学的・哲学的な人間存在の認識と把握として伝えられた点こそ、日本の人間観の展開に触発的契機として位置づけることのできる要素といえよう。

拒絶

拒絶とは、日本がヨーロッパからほとんど受けることなく拒みつづけたものをいう。戦国末期に南蛮渡来の種子島銃は受け入れ、キリシタンは禁教・迫害によって拒まれ、絶滅されたと位置づけられることが多い。それにはキリスト教の超越的人格神、一神教の絶対者は日本の汎神論的寛容な精神風土には受け入れがたいという宗教的理由があげられている。また、それを裏づけるように遠藤周作氏の『沈黙』では、転びバテレンのフェレイラに「この国は泥沼だ。どんな苗もその沼地に植え付けられれば根は腐りはじめる。葉は黄ばみ枯れて行く。我々はこの沼地にキリスト教という苗を植えてしまった」と語らせ、受け入れがたいものとされている。しかし、これらは比較文化的にいえば、人間の信仰の受け止め方、表現の相違からくる異質性の問題で、文化接触の面からいうならば、異質性は出会いの前提である。同質が接触すれば肥大化するか力の論理で反発するかであり、異なるものの接触だからこそ人格的な出会いとなる。

*

拒絶の問題は、キリスト教と日本の精神的風土の出会いが人間個人の人格的内面性や霊性の次元ではなく、人類の歴史に常に根深く宿り、現代もなお混迷を深めている政治と宗教の葛藤として考えられなければならない。

元来日本人は縄文の昔から豊かな風土に恵まれて、自然と人間、人と人の間に対決的緊張は少なかった。さらに、外来文化としての仏教がもたらしたものは、汎神論的な深い哲学、修養の教えで、ユダヤ的人格の結び（Re-ligo）の宗教性に乏しい。優れた学問・芸術とともに仏教は抵抗なく受け入れられ、やがて仏教国日本から日本的仏教へと展開する。それが鎌倉新仏教であり、その浄土思想は彼岸性の希薄化あるいは喪失がその特徴の一つである。元来仏の超越的彼岸であったはずの浄土が日本では此岸（人間世界）で病や貧しさや争いのない恵まれた社会を称名を唱えることによって実現される浄土、人間の内面的霊性より福祉的政治的な課題となった。それが御利益であり、救いでもある。庶民的な広がりは中世の守護、戦国大名的な縦の主従の枠をつき破った。一向宗の人々が叫んだものは「主を持たじ」である。全国統一への気運のなかで為政者が最も恐れたものは、人々が今よりはましな暮らしのために、宗教の名のもとに助け合い、自分たちを守る武力を持ち、命を賭してでも戦う民衆の恐るべき力であり、それは容易に根絶できない根深さを持っていた。

　日本がヨーロッパと出会ったのは、織田信長が一向の名のもとに結束した民衆勢力との戦いに苦慮している時代であった。信長は天下布武の政治的目標達成に障害となるものにはすべて残酷な弾圧を繰り返していった。新しい世界すなわちヨーロッパに関心を向けたのも、神仏を己の支配のもとにおくためであった。豊臣秀吉はバテレンを通じて行われていた南蛮貿易の利権を掌握し、己のものとするため、南蛮はまずバテレンを遣わして後に国を奪うと断じ、天下人として伴天連追放に踏み切った。徳川家康は国内統制の妨げになるものは、仏、基を問わず、すべて邪宗門としてキリシタンばかりではなく、宗教性の濃い不受不施派を徹底的に弾圧した。仏寺は寺請制によって戸籍をあずけられ、血縁地縁を祖先崇拝の地域社会の絆とし、宗教性は完全に政治の統制のもとにおかれた。

仏、基に代わり、理を中心とする秩序ある政治倫理としての儒学が人の道とされ、修身、斉家、治国、平天下が指導原理となった。

出会いや人間の内面の問題ではなく、民衆への政治的宗教統制は教化政策によって本能的な耶蘇（やそ）嫌い、感覚的伴天連恐怖となり、人々の心に後々まで拒否反応を引き起こすものとなった。

日本が拒んだものは、国の内外を問わず政治的統制を妨げる宗教の名のもとに結束する民衆の政治的軍事的勢力であり、とくにキリスト教はヨーロッパの「奪国論」とからめたスケープゴート、邪宗門そのものとされた。

人間の内面性にかかわるキリスト教は、日本人の心にすべて拒まれるものではなかった。総人口一八〇〇万人中七〇万を数え、政治的弾圧に対して政治的軍事的にキリストの義をかざして戦う教会ではなかった。不当な迫害に生命をかけて個人の信仰を守って殉教した人は四万を超えるといわれる。また、明治まで七代二五〇年間教会も宣教師も典礼もないなか、心のなかにキリストの愛の火をともし、潜みつづけた潜伏キリシタンもいた。文化全体の出会いは一部の技術より激しい抵抗にあうものである。しかし、ヨーロッパ文化の中心であるキリストのすべての人への呼びかけは、心の出会い、結びとして政治的圧力に屈することなく、より深く生きつづけることを証している。

二　明治期のキリスト教

一九世紀の西欧は、日本に対しての一六、七世紀の苦い経験から、文化全体、キリスト教を原点として志向する出会いではなかった。文化の一部としての未知の技術のほうが、文化全体としての未知の宗教よりも抵抗にあうことが少なく、それだけ早く浸透しうることを知ったからである。

文明開化

技術差が大きく隔たっていなかった一六、七世紀に比べ、市民革命・産業革命を経験した西欧は、優秀な近代技術と資本主義的な機構を有し、日本に対して圧倒的に優位に立っており、日本は西欧の技術による挑戦に門戸を開かざるをえなかったのである。日本は、近代国家の建設と国際的地位の向上を目標に「富国強兵」「殖産興業」「文明開化」をスローガンとして、急速な近代化を試みた。明治の先覚者には、アヘン戦争以後の中国のような思いはしたくない、清の轍(てつ)を踏んではならないという強い背伸びがあった。

その結果、日本は短期間に高度の受容をなしとげる力を遺憾なく発揮し、産業革命の経験なしに一挙に重工業化へと飛躍することができた。国力の発展によって国際的地位は向上し、開国後三〇年余りにして、隣国の「眠れる獅子」清国との戦争で勝利を博した。また、今世紀の初めには、日露戦争の勝利によって、日本はついに列強の一員となり、国際社会における地位を高めた。

一九世紀の二回目の接触においては、西欧は文化の一部、未知の高度な技術として受け取られ、日本にとっては本来西欧性の原点であるキリスト教は最大の関心事ではなかった。近代化へと歩む日本は、政治・経済・文化そのあらゆる面でアメリカ、イギリス、ドイツを模範としたが、キリスト教界においてもとくにプロテスタント諸教会は欧米の新しい息吹きとして迎えられ、「新教」と呼ばれた。

一方、カトリック教会にとって明治はキリシタンの復活の時代であった。ひそかに守りつづけられたキリスト教信仰を求めて、パリ外国宣教会の宣教師は、日仏条約が締結されるとフランス総領事館付司祭兼通訳として来日し、キリシタン時代から潜伏して生きつづけてきたキリシタンを見いだすことができた。

そしてフランス人宣教師たちは、かつてのイエズス会のコレジヨでの「キリシタン版」をもとに、「プティジャン版」と呼ばれる一連の宗教書を秘密に刊行するなど、むしろ一六、七世紀の宣教を踏襲するような形で教会を司牧した。しかし、カトリック教会は、明治政府の指導者たちの昔の敵、旧徳川幕府を支援したフランスという特定国家から来日したパリ外国宣教会のみに託されたが、後につづくサン－モール会、シャルトルの聖パウロ会をはじめとする女子修道会やマリア会もフランスに母院を有するものであった。キリシタンの復活とともにフランス一国とのかかわりが明治期のカトリックであり、徳川幕府の徹底した教化政策による邪宗門観を拭い去ることはできず、「旧教」の名で呼ばれた。

二五〇年以上もつづいてきた禁制の高札が一八七三年(明治六)にようやく撤廃され、迫害は公には終止符を打ち、さらに一八八九年の大日本帝国憲法の発布によって、信教の自由が謳われた。しかし、それはまだ「日本臣民ハ安寧秩序ヲ妨ケス及臣民タルノ義務ニ背カサル限ニ於テ信教ノ自由ヲ有ス」という国家権力下の条件つきで認められた自由であって、人類の普遍的な権利に基づくものではなかった。

むしろ、日本人の手によってはじめて憲法を編み得るまでになったこの時点から、指導者層は列強に伍するための近代化を急ぐあまり、欧米から技術文明、社会制度の吸収のみに力を注ぎ、一般に宗教への無関心、また、欧米文化の原点であるキリスト教への無視と冷淡さが兆しはじめ、翌年の内村鑑三事件などとして表面化した。

明治以降の日本は、近代化すなわち西欧化を急ぐあまり、とにかく西欧の技術文明だけを徹底的に受け入れた。しかし、その西欧の技術文明を支えたもの、それを生かす人間というもの、さらに神との結びつきというものは顧みられることはなかった。

こうした風潮は現代にまで影響し、知識人ですら、人間として生きるということのなかでもっとも大切な要素としての宗教というものに関心を払うことは少ない。日本人の頭のなかには、近代化＝西欧化＝技術文明ということしかなかった。そしてこれを支える国粋主義と軍国主義による明治の背伸びは、七〜八〇年にしてほとんど全世界を相手とする太平洋戦争へと突き進み、破局の一途をたどった。その苦難の半世紀、キリスト教界は直接宣教の目に見える実りはごくわずかしかなかったが、フランシスコ＝ザビエルが掲げ、その志を継ぐ人々によって広められていった社会への奉仕の道、若い魂をはぐくみ育てることと病み苦しむ人々を看取(みと)ることにおいて静かに深くキリストの生命の種を播(ま)きつづけていった。

三　現代日本とキリスト教

戦後の社会変革

明治につぐ日本の画期的歴史的変革のときを、第二次世界大戦終了と考えるのがもっとも一般的であろう。たしかに大戦中キリスト教界が負ったものは苦しみに満ちた十字架であった。敗戦後は、新憲法の発布によって基本的人権は尊重され、信教の自由も完全に保証され、長い桎梏（しっこく）から大きな希望への再出発のときと思われた。全世界から多くの宣教師が派遣され、寄せられた経済的援助も巨額にのぼっている。

しかし、戦後五〇数年を経た現在、日本における神の国は期待された発展を遂げたといえるであろうか。信徒数はプロテスタント、カトリック合わせても一〇〇万人、カトリックは総人口の〇・三パーセント弱にすぎない。召命の減少と宣教者の高齢化によって宣教活動の継続さえ危ないといわれる。これほど自由と平和でありながら、日本における福音宣教の現状は決して明るいものではない。日本の戦後の社会変革は、キリスト教との出会いにおいて発展と飛躍の契機となるものではなかった。それは第二次世界大戦終了がもっとも深い画期的な「時」ではなく、戦後も実は明治の継続の時代といえるのではないだろうか。

日本の近代化＝西欧化＝技術文明という意識は少しも崩れることなく、ただ破局へと駆り立てたナショナリズムと軍事優先が取り去られたにすぎない。戦後世代には、生まれた国を愛するとか、国土を守るという意識や表現さえ国粋主義であり、軍国主義であると嫌悪するほどのアレルギーが生じた。世界との軋轢を生み、自分自身をも傷つけたこのナショナリスティックな固執からの脱皮は、一見大きな変化にみえる。しかし、無用な背伸びを要さなくなった日本は、よりストレートに西欧化＝技術文明化に拍車をかける結果となった。

明治開国から七〇年を要した国際社会での地歩を、戦後は持ち前の器用さと勤勉さで、エコノミックアニマルと呼ばれながらも、わずか二〇数年で経済大国としてよみがえらせることに成功した。ここに至るまでには、真の日本の近代化とは西欧化することなのか、西欧化とは技術文明化だけを意味するのかと本質的に問いかける余裕もなく、疑問も生じなかった。明治初期と似た、西欧性の中心にある宗教性はおきざりにされ、ただ舶来の技術文明を求め、追いつけ、追いこせの西洋傾倒でしかなかった。そしてやっと世界の先進工業国の列に伍した現在、日本はその高い先進的経済性を支えるべきものが何かに思いをいたしたとき、ある空虚さを感じ、将来への方向づけにも目的の定かでない不確実さを覚えはじめたのである。

いままでのすべてが誤っており、むだであったというのではない。しかし、遮二無二突っ走ってある成熟度に達したとき、ふと自分自身の内面を顧みて覚えるとまどいであり、ためらいである。

それは明治以来の日本を支えた近代化＝西欧化＝技術文明化というテーゼへの根本的な問い直しであり、「和魂洋才」を越えたより高い次元での世界的な意識への模索でもあろう。過去を否定するのではなく、よりいっそう前進するために己自身の内面に目を向けるとき、かならず出会うのは「人間」そのものであり、その人間とはいかなるものか、いかに生きるべきかとの問いかけである。この問いに現代の日本でただちに答えうるものは、既成の宗教にはない。

希薄な宗教性

先にも述べたように、江戸期に政治的次元で屈服させられた宗教は、血縁的地域社会に知足安分の地位を確保し、やがて明治の変革には歴史的役割を果たすことなく、国家神道として政治的スローガンに利用されるか、廃仏毀釈（はいぶつきしゃく）として捨て去られてしまった。明治以来の指導的知識人にとって進化論的合理主義がその支えであり、宗教は迷信と因習の別名としか映らず、もはや激突の戦いの対象ではなく、冷淡に無視されるものとなった。そして現代人にとって宗教は過去をはぐくんだ民族的、家族的なある懐かしさはあっても、複雑に発展する社会のなかで成熟する人間性の現在の位置づけや、将来の方向づけに力強くかかわりうるものとして期待してはいない。それはよくいえば寛大、悪くいえばあいまいな日本人の宗教観となり、喜びと生産に関することは神道、死と祖先崇拝に関することは仏教で行い、実際人口を六割も上回る宗教人口一億九千万という世界でもっとも不思議な宗教性の希薄な精神的風土が形成されたのである。既成宗教へのこのような現代人の認識からみて、現在の日本に兆しはじめた深い要請、人間への問いかけに既成の伝統的な解答では解決にはならない。これが戦後のキリスト教の予想外の不振にもみられるのではないだろうか。

そこで日本の画期的な歴史変革を第二次世界大戦終了時ではなく、第二次世界大戦後も含めた明治からの抜きがたいテーゼ、近代化＝西欧化＝技術文明化が問い直される現在において考えたい。すなわち、日本はその内的要請から、一六、七世紀、明治とも質的に異なる第三期の次元へと飛躍すべきであり、またしつつある。

キリスト教との出会いの第三期

この第三期へと発展する日本が出会う西欧の様相もまた新たな局面を迎えている。キリシタン時代の西欧はたしかに文化全体、その原点キリスト教として日本と出会おうとした。これこそが真実の教えであるという確信に満ちたものであった。日本内部の政治的意図が要因となったとはいえ、西欧の積極的な強さは異質感を助長し、鎖国以後は文化全体をも邪宗門として嫌悪する拒絶に遭遇する。そのため、明治期の西欧は原点を通らぬ、文化全体ではなく文化の一部の高い技術文明としてだけ日本へ志向し、西欧性の根源としてのキリスト教を出会いに生かしえないまま現在に至ったといえる。

しかし、いまキリスト教は西欧文化の原点として第二ヴァティカン公会議によって、かつての教会以外に救いはないという教えをより広く、高い完成へと成熟させていった。救いの恩恵を排他的にみえる選民意識、他を見くだす傲岸（ごうがん）な優越感にゆがませる人間性の弱さから脱却し、人類すべて、その一つの人格、一つの民族、一つの文化にも神の愛としてのキリストがかかわるという、神の民の意識が示された。

それぞれの人格の個性を神が生かしたもうように、それぞれの伝統、言語、習慣、文化の独自性を伸ばしながら、その多様性の根源にキリストの愛によって結ばれるのが神の民、人類なのである。それぞれの異質性の認識が排他的な傷つけ合いになるのではなく、自己のもっていないすぐれたものとの出会いの驚嘆となり、刺激となり、分かち合いに実を結ばなければならない。教会はそれぞれの歴史・風土・伝統を重んじ、その独自性のなかにキリストの生命としての託身を見いだし、はぐくんでゆこうとする姿勢に成長した。

現代は、対立ではなくそれぞれの固有のすばらしさを伸ばしながら、すべてを温かく包む人類共同体＝神の民の結びへと広く開かれた世界を目指している。それは人類のあるべき姿であり、もっとも人間的な生き生きとした出会いでありながら、同時に人間の限界を超える深くて豊かな生命をともに生きる神の国への人類の歩みでもある。

日本とキリスト教の出会いの第三期を第二次世界大戦終了時ではなく、第二ヴァティカン公会議後の二一世紀を迎える「今」にエポックを設定するならば、われわれはもっとも希望の持てる時代を迎えているといえよう。

それは輝かしい成功が容易にわれわれに与えられるということではない。日本は西欧に追随し、模倣すべきではない。しかし、学ぶべきこと、出会うべきものはいまこそ無限の可能性をもって広がっている。外面的な劇的な成果ではなく、深い内面的な充実である。西欧に育ったキリスト教そのままの移植でもなく、日本的キリスト教という一義的な土着化でもない。キリストそのものとの出会いにおける日本の「証」（あかし）でなければならない。キリストの生きられた姿勢が十字架における愛であったように、障害や失意や愚かしさの繰り返しのなかに、愛を目指して生きることによってわれわれ自身のなかに身を結ぶものである。第三期の日本の深い要請と西欧キリスト教の広い志向の出会いのなかで、「キリストこそわがうちに生きたもう」であろう。

この第二ヴァティカン公会議の方向づけは、キリストの「すべて」へのメッセージ、歴史の完成であることを意味し、それこそまさにフランシスコの生きた道であった。

最後に「現代世界憲章」をもって結びとしたい。

教会はその歴史の最初から、キリストのメッセージを種々の民族の言葉と概念をもって表現することを学び、なおそれを哲学者の英知をもって解明するよう努力してきた。それは許される限り、福音をすべての人の理解と知識人の要求とに適応させるためであった。啓示されたことばをこのように適応させて宣教することは、あらゆる福音宣教の原則でなければならない（四四条）。

教会はあらゆる時代とあらゆる地域のすべての民に対して派遣されるものであるから、いかなる民族または国家にも、いかなる特殊の風俗にも、新旧のいかなる習慣にも排他的、不解消的にも結びつけられていない。教会は固有の伝統を保ちながら、同時にその世界的使命についての自覚を持っているので、種々の文化形態と交わることができ、それによって教会自身も種々の文化もともに豊かになるのである（五八条）。

フランシスコ＝ザビエル年譜

西暦	年齢	年譜	参考事項
一四九二			コロンブス、アメリカに到達する。
一四九八			ヴァスコ＝ダ＝ガマ、インド航路発見。
一五〇六	0	四月七日、ナバーラ王国のハビエル城で、兄二人、姉二人の末っ子として誕生。	コロンブス死去。
一五一〇			ポルトガル人、ゴアを占領。
一五一五	9	一〇月一〇日、父ドン＝ファアン＝デ＝ハソス死去。	
一五一七			ルッターの宗教改革運動が始まる。
一五二二			マゼラン船隊の世界周航なる。（一五一九〜）
一五二五	19	九月、パリへ赴き、パリ大学の聖バルバラ学院に入学。	ドイツ農民戦争終わる。

一五二九	23	七月に、母ドニャ＝マリア＝デ＝アスピルクエタ死去。	ウォルムスの勅令の実施決議（これに反対したのでプロテスタントの名起こる）。
一五三〇	24	三月一五日、パリ大学哲学部を卒業。哲学修士の学位を受け、大学で哲学の講義を担当する。	アウグスブルクの国会開かれる。
一五三三	27	イニゴ＝デ＝ロヨラ（イグナチオ）と知り合い、その仲間に入る。	スペイン人、インカ帝国を滅ぼす。
一五三四	28	八月一五日、イグナチオを中心に同志七名がパリのモンマルトルの小聖堂で、清貧、貞潔とエルサレムへの巡礼の誓願を立てる。 九月、大黙想を行う。	ヘンリー八世、首長令を出す。（イギリス国教会成立）
一五三六	30	一一月一五日、イグナチオとその同志はパリを出発して、ヴェネツィアに赴く。	カルヴァン、ジュネーヴで宗教改革を唱え、まもなく追放される。
一五三七	31	六月二四日、同志とともにヴェネツィアで司祭に叙階される。	
一五三八	32	四月、ローマへ行く。	
一五三九	33	六月下旬からイグナチオの秘書。九月三日、パウ	

一五四〇	34	ロ三世からイエズス会創立の認可を口頭で得る。三月一四日、ポルトガル王によりインド派遣を命ぜられる。同一五日にローマを出発し、六月末にリスボンに到着する。イエズス会公認される。	
一五四一	35	四月七日、インドに向けて出発する。九月、モザンビークに到着。	カルヴァン、ジュネーヴで神政政治を推進する。
一五四二	36	五月六日、ゴアに到着する。同年九月から一五四四年一二月までインドで宣教する。	
一五四三	37	一二月末、ゴアで盛式誓願を立てる。	ポルトガル人種子島に漂着、鉄砲を伝える。
一五四五	39	九月末にマラッカに到着。	トレント公会議が開かれる（〜一五六三）。
一五四六	40	二月一四日、モルッカ諸島（インドネシア）へ行き、翌年五月まで布教する。	ルッター死去。
一五四七	41	一二月、マラッカで初めて日本人（パウロ）と出会う。	
一五四八	42	一月、コチンへ戻る。管区長に任命され、インド	

一五四九	43	の宣教を監督する。 四月一五日、ゴアからマラッカへ移動する。 六月二四日、マラッカから日本へ向かう。 八月一五日、鹿児島に上陸する。 九月二九日、一宇治城で島津貴久と謁見。	イギリス国教会、礼拝統一法を施行する。
一五五〇	44	八月、平戸に再び赴く。 九月、平戸で松浦隆信と会見。 一〇月、平戸から博多経由で山口へ赴き、大内義隆に謁見する。 一二月一七日、山口から岩国へ、岩国から海路で堺に入る。	九月一五日、大内義隆の家臣陶隆房、義隆襲撃を企てるが露顕し、周防に逃れる。
一五五一	45	一月中旬、日比屋了珪に迎えられる。京都にのぼって後奈良天皇に拝謁を望むも果たせずに、わずか一一日の滞在で平戸に戻る（三月中旬）。 四月、再度山口へ行き、大内義隆から大道寺を授かる。受洗者が増えるが、そのなかに平戸の琵琶法師ロレンソもいた。 九月、大友義鎮の招きで府内（大分）に赴き謁見。	織田信秀が死去し、信長が家督を継承する。 九月一日、大内義隆、家臣の陶隆房に急襲され、自殺する。 トレント公会議第二会期始まる。

年	年齢	事項	世界の出来事
一五五二	46	一一月一五日、沖の浜港より出帆、広東沖の上川島へ向かう。 二月一五日、ゴアに到着し中国行きの準備をする。 四月一七日、ゴアを出発。 五月末、マラッカに到着するが、司令官から中国への使節渡航を妨害される。 七月一七日、上川島に向けて出帆、九月上旬に上川島に到着。 一一月、最後の書簡を書き、下旬になって発熱し病に臥す。 一二月三日、上川島において死去。	
一五五三		腐敗していない遺骸が上川島からマラッカに移される。三月マラッカに到着し、一二月にはさらにゴアに搬送される。	
一五五四		三月一六日、遺骸はゴアに到着し、聖パウロ学院の教会に安置される。	
一五五五			アウグスブルクの宗教会議が開かれる。

一五六一	アルメイダ、鹿児島に赴き、ザビエルより受洗の信徒らを訪ねる。	
一五七九	七月二五日、巡察師ヴァリニャーノ口之津に着く。	
一五八〇	六月二八日、ヴァリニャーノ、セミナリヨ規則を執筆。一〇月、臼杵においてイエズス会協議会開催。コレジヨなどの設立が決定され、協議会終了後、府内にコレジヨを、一二月二四日、臼杵にノヴィシアードを開設。	
一五八一	三月二九日、ヴァリニャーノが織田信長と謁見。	
一五八二	二月、大友・大村・有馬の三氏、天正遣欧使節を派遣。	六月二一日、織田信長が本能寺の変で死去。
一五八七	豊臣秀吉、キリスト教宣教師の国外退去を命じる(伴天連追放令)。	
一五九〇	七月二一日、ヴァリニャーノ第二次巡察のため、遣欧使節らとともに長崎に着く。	
一五九一	加津佐のコレジヨから『サントスのご作業のうち抜書』刊行される。	
一五九二	二月三日、ザビエルより受洗の修道士ロレンソ、	文禄・慶長の役(〜九八)。

長崎で死去。

ローマ字本『ドチリナキリシタン』、『ヒイデスの導師』、『平家物語』刊行。

一五九三　八月から一〇月の間に、ゴメス、『講義要綱』を書き終える。
天草のコレジヨから、『伊曾保物語』、『金句集』、『ばうちずもの授けやう』を刊行。

一五九四　コレジヨから『ラテン文典』刊行。ローマでトリセリーノ『ザビエル伝』刊行。

一五九五　コレジヨから『羅葡日対訳辞書』刊行。
『講義要綱』邦訳。
オランダ人、ジャワに到達。

一五九六　『コンテンツスムンヂ』、『スピリツアル修行』を刊行。

一五九八　『サルバトールムンヂ』、『落葉集』刊行。
フランス、ナントの勅令。

一五九九　『ぎやどぺかどる』刊行。

一六〇〇　二月二一日、ゴメス死去。
コレジヨから『ドチリナキリシタン』『倭漢朗詠集』を刊行。長崎の後藤宗印が『どちりなきりし
関ヶ原の戦い。

		たん』と『おらしよの翻訳』を出版。	
一六〇三		『日葡辞書』刊行（〜〇四）。	江戸幕府（〜一八六八）。
一六〇四		ロドリゲスの『日本大文典』刊行（〜〇八）。	
一六〇五		『サカラメンタ提要』刊行。	
一六〇六		一月二〇日、ヴァリニャーノ、マカオで死去。	
一六一四		二月一日、キリシタン禁令を宣告。一一月一七〜一八日、宣教師およびキリシタンらをマカオとマニラへ追放。	
一六一九		一〇月二五日、ザビエル福者の位にあげられる。	
一六二〇		マカオのコレジヨからロドリゲス『日本小文典』を刊行。	メイフラワー号、プリマスに到着。
一六二二		三月一二日、イグナチオとともに聖人の列に加えられる。	
……		……	
一八六五		大浦天主堂内で浦上信徒名乗り出る（潜伏キリシタン発見）。	

参考文献

フランシスコ＝ザビエルの歴史上の活動を伝えるものには、一六世紀以来今日までに刊行されたものだけでもおびただしい数量があり、伝記だけでも大小数千種を超え、書簡集も数十種におよぶので、ここでは欧文によるものに限定し、邦訳のあるものはその旨記載するにとどめた。

●伝記

フランシスコ＝ザビエル研究の嚆矢(こうし)であるトルセリーニから一七〇〇年以前に刊行されたものを、次いで、近代における研究の先覚者としての役割を果たしたクロー以後、現代に至るまでの代表的な著作を掲げる。

Orazio Torsellino, *De vita Francisci Xaverii*, Romae, 1594.

ラテン語で書かれた本書は、一五九六年、一五九七年、一六二一年、一六二七年、一六七七年に版を重ね、また、スペイン語訳が一六〇〇年、イタリア語訳が一六〇五年、一六〇六年、一六一二年、フランス語訳が一六一二年、英語訳が一六三二年に刊行されている。

João de Lucena, *Historia da vida do Padre Francisco de Xavier*, Lisboa, 1600.
Sumario de algunas cosas memorables del Beato Padre Francisco Xavier…, Barcelona, 1620.
Vita del beato Francesco di Xavier, Ferrara, 1620.
Diogo Monteiro, *Compendio da vida, virtudes e milagres do Beato Padre Francisco Xavier*, Lisboa, 1620.
Francisco Garcia, *Vida y milagros de San Francisco Xavier*, Madrid, 1676.
　一六八三年、一六八五年に重版。
Dominique Bouhours, *La vie de Saint François Xavier de la Compagnie de Jésus*, Paris, 1682.
Lorenço Ortiz, *El principe del Mar S. Francisco Xavier*, Brusseles, 1682.
Antonius Albertus Schumerling, *Vita S. Francisci Xaverij e Societate Iesu, Indiarum, et Japoniae Apostoli*, Viennae, 1690.
Joseph-Marie Cros, *Saint François Xavier de la Compagnie de Jésus*, Loubens, 1894.
Giuseppe Massei, *Vita di S. Francisco Saverio della Compagnia di Gesu*, Roma, 1894.
Monnumenta Xaveriana, 2 vols., Matriti, 1899-1900, 1912.
　「フランシスコ＝ザビエル資料集」ともいうべきもっとも重要な資料で、フランシスコの伝記を記したもののなかで、生前の彼を親しく知っていた唯一の人テイシェイラおよびヴァリニャーノ

の未刊の伝記や書簡、また、列福列聖のための調書が所収されている。
Joseph-Marie Cros, *Saint François Xavier ; Sa vie et ses lettres*, Paris, 1900.
Joseph-Marie Cros, *Saint François Xavier de la Compagnie de Jésus ; Son pays, sa famille, sa vie*, Paris, 1903.
Alexandre Brou, *Saint François Xavier 1506-1548*, 2 vols., Paris, 1912.
James Brodrick, *Saint Francis Xavier (1506-1548)*, London, 1952.
Georg Schurhammer, *Franz Xaver ; Sein Leben und seine Zeit*, 4 vols., Freiburg, 1955-73.
ザビエル研究の権威として世界にあまねく知られているシュールハンメル師の、およそ現在知られ得る最も完璧な伝記である。英語訳とスペイン語訳がある。

●書簡集

Orazio Torsellino, *Francisci Xaverii epistolarum libri quattuor*, Romae, 1596.
一六〇〇年、一六五〇年、一六五七年、一六八二年。
Lettres du B. Pere Sainct François Xavier, Paris, 1628.
L. Abelly, *Lettres de Saint François Xavier de la Compagnie de Jesu*, Paris, 1660.
P. Possino, *S. Francisci Xaverii e Societate Iesu Indiarum Apostoli novarum epistolarum libri sep-*

tem, Romae, 1667.

P. Possino, *S. Francisci Xaverii ... epistolae*, Coloniae Agrippinae, 1692.

Lettres choisies de S. François Xavier, Limoges, 1699.

Monumenta Xaveriana, 2 vols., Matriti, 1899-1900, 1912.

Henry James Coleridge, *The life and letters of St. Francis Xavier*, 2 vols., London, 1921.

Georg Schurhammer & Joseph Wicki, *Epistolae S. Francisci Xaverii*, 2 vols., Romae, 1944-45.

アルーペ・井上郁二訳『聖フランシスコ・デ・サビエル書翰抄』二冊（岩波書店　一九四九）

河野純徳訳『聖フランシスコ・ザビエル全書簡』（平凡社　一九八五）

さくいん

【人名】

【地名】

【事項・作品】

ザビエル■人と思想156　定価はカバーに表示

1998年11月20日　第1刷発行©
2016年5月25日　新装版第1刷発行©

・著　者 ……………………………… 尾原(おばら)　悟(さとる)
・発行者 ……………………………… 渡部　哲治
・印刷所 ……………………………… 広研印刷株式会社
・発行所 ……………………………… 株式会社　清水書院

〒102-0072　東京都千代田区飯田橋3-11-6
Tel・03(5213)7151〜7
振替口座・00130-3-5283
http://www.shimizushoin.co.jp

CenturyBooks

Printed in Japan
ISBN978-4-389-42156-4

CenturyBooks

清水書院の〝センチュリーブックス〟発刊のことば

近年の科学技術の発達は、まことに目覚ましいものがあります。月世界への旅行も、近い将来のこととして、夢ではなくなりました。しかし、一方、人間性は疎外され、文化も、商品化されようとしていることも、否定できません。

いま、人間性の回復をはかり、先人の遺した偉大な文化を継承して、高貴な精神の城を守り、明日への創造に資することは、今世紀に生きる私たちの、重大な責務であると信じます。

私たちがここに、「センチュリーブックス」を刊行いたしますのは、人間形成期にある学生・生徒の諸君、職場にある若い世代に精神の糧を提供し、この責任の一端を果たしたいためであります。

ここに読者諸氏の豊かな人間性を讃えつつご愛読を願います。

一九六七年

清水幸雄

SHIMIZU SHOIN